常人的法律意识：

中庸思维与反中庸思维的纠纷应对方式

赵静◎著

九州出版社

JIUZHOUPRESS

图书在版编目（CIP）数据

常人的法律意识：中庸思维与反中庸思维的纠纷应
对方式 / 赵静著. -- 北京：九州出版社，2021.5
　　ISBN 978-7-5225-0069-0

　　Ⅰ．①常… Ⅱ．①赵… Ⅲ．①公民－法律意识－研究
－中国 Ⅳ．① D909.2

中国版本图书馆 CIP 数据核字（2021）第 104755 号

常人的法律意识：中庸思维与反中庸思维的纠纷应对方式

作　　者　赵　静 著
责任编辑　周　春
出版发行　九州出版社
地　　址　北京市西城区阜外大街甲 35 号（100037）
发行电话　（010）68992190/3/5/6
网　　址　www.jiuzhoupress.com
印　　刷　武汉鑫佳捷印务有限公司
开　　本　787 毫米×1092 毫米　16 开
印　　张　12.75
字　　数　155 千字
版　　次　2021 年 5 月第 1 版
印　　次　2021 年 5 月第 1 次印刷
书　　号　ISBN 978-7-5225-0069-0
定　　价　96.00 元

前　言

　　本书关注的是日常生活中"打官司"的当事人的相关法律意识问题。说起法律意识，人们往往容易将其与人们掌握的法律知识的多少相联系，或是等同于人们是否有意愿通过法律捍卫自身权利。但这只是法律意识一个方面的内容。法律意识应该也涉及人们对法律的认知、态度与行为的取向等。在日常生活中正在接触法律、试图运用法律解决问题的普通人是怎么理解和体验法律的，这就是常人的法律意识问题。

　　此研究的材料源于笔者在华北某省某镇的派出法庭的为期 3 个月的实地调研，在此期间，笔者与诸多民事案件中的当事人、法官与律师进行了访谈。笔者从中挑选了四个具有典型性且两两相似的案例，前两个案例聚焦于个体与组织之间的纠纷，后两个案例聚焦于两个民事当事人之间的纠纷和解问题。笔者意图通过对相似案例的两两对比，展示中国所特有的两种法律意识：具有中庸思维的法律意识与具有反中庸思维的法律意识，并探讨这两种法律意识对于纠纷解决进程的影响。

　　本研究最后认为，以中庸思维来应对冲突与解决纠纷，在一定程度上降低了纠纷的解决成本，对于缓和冲突具有正面功能。但在另一方面，中庸思维的权宜性与法律的原则性之间存在矛盾和张力。它可能会对于个体正义的实现、法治社会的形成，以及社会终极秩序的维护具有一定的负面效应。以反中庸思维应对冲突，有时会激化矛盾，增加冲突解决的成本，对纠纷解决产生不利的影响。但反中庸思维与法治精神具有某种形式的契合，具有现代性的反中庸思维对社会秩序的再造具有一种积极意义。以上便是本书研究的梗概。

在此，还需要说明的是，本书是笔者的博士论文稍作修改的基础上完成的。笔者完成博士论文写作已有三年时间，而从开始写作博士论文至今已有四年。有人说四年是一个结束，也是一个开始，所以，是时候给昨天画个句号了。回顾博士论文的写作过程，既有艰辛、惶惑、痛苦，也夹杂着喜悦与欢欣。

我最应该感谢的是恩师杨宜音老师。三年来，老师的言传身教使我获益良多。感谢老师一次又一次不计辛劳地对我的文章给予修改和建议。从杨老师身上，我看到的是一个纯粹的学人所具有的良好品性。我们做学问应该踏踏实实的，而不要去投机取巧、四处钻营。其次，感谢我的好友阿蝠为我搭建桥梁，使我得以顺利进入法院展开调查。感谢区法院领导以及金镇法庭的同仁们对我调研工作的支持与帮助。最后，感谢我的每一位访谈对象，感谢他们对我敞开胸怀的接纳与帮助。每一个访谈对象所诉说的经历都蕴藏着他们的一段故事、一种人生。通过他们的嬉笑怒骂，我理解了他们的故事，也体味到了他们的人生。

目　录

第一章 导 论

一、为何研究法律意识：文化视角与变迁视角

（一）研究问题的提出

尤伊克和西尔贝曾基于美国基层法院的实证调查，描绘和解释了美国人日常的法律意识。他们认为，美国人理解和体验的法律是多样的、有差异的，在运用法律方面也是不同的。他们将美国民众的法律意识划分为三种：敬畏法律（before the law）、利用法律（with the law）和对抗法律（again the law）。敬畏法律的个体相信法律权威的存在，也相信法律具有超越于情境的客观公正性，他们以恳求者的角色参与法律实践。利用法律的个体将法律看成一场游戏，认为人可以通过运用策略或进行算计而达成目的，他们以游戏者的角色参与法律实践。对抗法律的人则认为是权力创造了法律，他们以反抗者的角色参与法律实践。[①]

[①] ［美］尤伊克和西尔贝：《法律的公共空间——日常生活中的故事》，陆益龙译，商务印书馆 2005 年版，第 78 页。

对于法律的权威性的认识构成了尤伊克和西尔贝对美国人不同法律意识的理解，即个体对于法律是相信、反叛的态度，还是秉持一种实用主义的态度。如果依据此种分类，在中国，极少有人成为法律的反抗者。学者在研究中国农民和城市居民的抗争形式时，提出了"依法抗争"与"以法抗争"的概念。无论是"依法抗争"还是"以法抗争"，当代中国农民和城市居民都有一个共同的特征，就是仍然追求行动的合法性，并试图在法律框架内解决问题。[1][2][3]这显示了法律在人们心目中的权威地位和人们对法律的工具性运用。

虽然人们相信法律的权威性，并试图通过法律解决纠纷。但在现实中，很多当事人"信法而不信人"，也就是相信法律是公正的，但认为是人的因素（如贪腐）使法律得不到公正的执行。一些实证调查也证实，中国人具有"对制度本身的肯定和对实际效果的怀疑倾向"[4]"对法律还是比较信任的，但同时也对公众执法的现状表示不满"[5]。由此言之，在主观层面人们需要一些调和法律的应然性与现实的实然性之间的策略。

尤伊克和西尔贝所提出的概念框架具有一定的借鉴意义，但以此种方式来描摹当今中国人的法律意识可能显得过于简略。首先，由于我国的一些法律制度是从西方现代社会借鉴和移植过来的，在法律文化与本土文化

---

① 于建嵘：《当前农民维权活动的一个解释框架》，《社会学研究》2004 年第 2 期，第 44 页。

② O'Brien, J Kevin. "Rightful Resistance" *World Politics*, vol.1, 1996, pp.31–55.

③ 施芸卿：《再造城民》，社会科学文献出版社 2015 年版。

④ 陈映芳、朱芒：《市民的法意识——关于上海市行政处罚听证制度》，《社会科学》2005 年第 3 期，第 52—59 页。

⑤ 杜立聪：《试析当前中国公民的法律意识问题》，《甘肃行政学院学报》，2003 年第 2 期，第 37—38 页。

之间，以及现代性的法律制度与本土的纠纷解决策略之间，有时容易出现"水土不服"的情况。文化社会心理学认为，人的思维方式与行为会受到其所处文化环境的影响。其次，尤伊克和西尔贝对于美国人法律意识的叙述是一种对相对静态社会的描摹，而对于我国的法律制度与法律意识的研究则应该将社会转型与变迁纳入考量范围。研究中国人的法律意识问题应注重文化因素与变迁因素。

2016 年 1 月，笔者进入河东区金镇派出法庭展开了博士论文调研。[①] 在为期 3 个多月的时间里，笔者接触到了形形色色的案子，包括借贷、离婚、劳动争议、土地纠纷、交通事故纠纷等。韦伯曾预测未来的司法像一台自动售货机，把写好的诉讼状和诉讼费放进去，就会自动送出判决。他认为，随着形式理性的进一步彰显，进入法院的案件似乎可以泯灭任何个人感受和社会文化的差别。[②] 然而，在调查中，笔者发现，在处理纠纷的过程中，有些性质较为类似的纠纷结局却不尽相同。其实，美国社会学家唐·布莱克在研究美国的司法时也有类似的发现，法律上相同的案件——同样的问题、拥有同样的证据支持，常常得到不同的处理。[③] 他将原因归结于社会地位和关系距离等社会结构要素，但却忽略了个体主观因素的影响。

在我国法院处理纠纷的过程中，容易感受到的是不同个体为追求一个具体的目的，在人际交涉、调动资源时会自觉或不自觉地运用各不相同的策略。[④] 法律不仅仅是一些普遍性的法条、一类固定设置的机构、一些必

---

① 注：为保密需要，本研究中所出现的所有地名、人名皆为化名。

② 苏力：《送法下乡》，中国政法大学出版社 2000 年版，第 197—198 页。

③ ［美］唐·布莱克：《社会学视野中的司法》，郭星华等译，法律出版社 2002 年版，第 2—6 页。

④ 苏力：《送法下乡》，中国政法大学出版社 2000 年版，第 57 页。

须履行的程序，法律更是人们的一种活生生的、因地制宜、因事权变的具体实践。因而，法律意识是一种实践思维，在实践之中，人们所理解和运用的法律往往不是法学家所构造的法律"理想型"。相似的案件，最终结局可能完全不同，这种大尺度的反差不能单纯只从法律规范之中寻找原因，或只从案件所产生的社会结构中去分析，也必须对当事人、法官、律师的具体实践进行考察，从他们在实践过程中所体现出的法律意识中去探寻。正如苏力所言："法律的运作除了诸多命题、原则、规则、标准之外，还需要其他各类知识，即所谓的实践理性或技艺，或'无知之言'，甚至还需要对当事人有某种了解和知识。"①

欲研究中国人的法律意识与纠纷解决方式，应同时具备变迁视角和文化视角。十几年前，学者苏力的《送法下乡》对于我国基层司法制度进行了深入而广泛的研究。从苏力对中国基层法院的描述分析中可以看出，基层法院在纠纷解决上，有时会采取一种不同于当代的法律，也不同于传统的情理的解决方式，是将传统与现代杂糅的"嵌套式"解纷方式（如图 1-1 所示）。如苏力所说的"炕上开庭"，即是此种解纷方式的运用。随着法律逐渐地嵌入人们的日常生活之中，人们开始习惯于利用司法的力量解决现实生活中的一些纠纷和冲突，传统的解决纠纷的方式变得不完全适用，但却并未全然落伍。现代的法律解决纠纷的方式日益流行，但却未能全然取代传统。总体而言，随着法治社会的推进，中国人的纠纷解决方式发生了相应的变化，它逐渐向现代法律的解纷方式转型，但是在有些时候，还是会体现出一种既包含现代，又容纳传统的"嵌套式"纠纷解决模式。

---

① 苏力：《送法下乡》，中国政法大学出版社 2000 年版，第 IV 页。

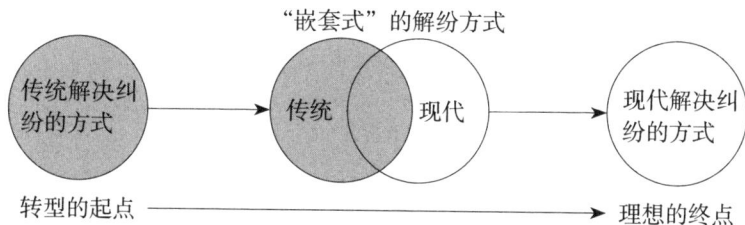

图 1-1 中国纠纷解决方式的转型路径

在"嵌套式"解纷方式映射之下的是一种特殊的法律意识，这种法律意识在个体心理层面表现出一种思维双通道的出现。即个体所形成的内隐理论（implicit theories）[1]与客观的法律制度之间在实践中的对立、混合与协商。

法律是具体社会关系和结构在秩序维护上的表现，不同的人在不同的情境中，理解和运用法律的方式会不断发生变化。[2]法律意识具有多样性与多变性，受社会结构、社会关系、文化图式等的影响。在中国，在特有文化脉络的影响之下，个体所具有的法律意识会有怎样的特点，这些特点对纠纷的解决产生了怎样的影响？这就是本研究所关注的出发点。理论是灰色的，而生命之树常青，透过形形色色的个体发生在法庭之中的种种故事，基于本土文化资源，或许会生发和抽象出一种具有生命力的理论解释。

（二）理论视角的切合性

本研究欲以杨中芳提出的中庸实践思维体系为理论视角，来解释和研

---

① 内隐理论属于常识心理学的范畴，内隐理论是普通人对心理现象和行为的理解，它仅为朴素的、日常的理论，而非科学理论。其认为普通人所具有的内隐信念是其解释、判断和行为的依据。内隐理论作为一种重要的个体差异，对知觉他人具有重大的影响，从而致使社会判断存在差异。有两种内隐理论被广泛研究，分别是个人特质的可塑性和与社会制度的稳定性有关的概念。

② 陆益龙：《法律性的社会学建构——评尤伊克和西尔贝"法律的公共空间——日常生活中的故事"》，《社会学研究》2006 年第 6 期，第 226—237 页。

究一些个体的诉讼行为，并通过对话与比较，延伸出新的概念类型。将中庸思维作为一种法律意识，按照西方法学的精神，似乎是风马牛不相及的，因为法律与中庸两者在取向上是相左的。法律具有普遍性，所谓"法律面前人人平等"。就像是韦伯"自动售货机"的譬喻，法律所追求的是一种形式理性，它以抽象的、形式化的条文为判案准则，排除因人而异、因时而异、因事而异的主观性和随意性。①而中庸思维则恰恰相反，它讲求依据具体情况而灵活地变通，采取一种恰到好处的方式处理问题，体现出一种适应与掌控的权变规则。

中庸思维的核心理念之一是权变。二程以"权"释"中庸"，程颐曾说"欲知中庸，无如权"（《二程遗书》）。孟子也曾说："执中无权，犹执一也。所恶执一者，为其贼道也，举一而废百也。"（《孟子·尽心上》）孟子将"执一"而缺乏变通视为"贼道"。我们从中可以看出，中庸是一种针对具体而面向现实的态度，它不会被某一种固定的方式所束缚，所谓"执两而允中"也。而法律则强调一种"有执"或"执一"的态度，即对法律规范有所坚执，毫不动摇，不允许对法条、原则作任何形式的突破与超越。与之相反，中庸对"权变"的强调，以及其在实践中所展现出的个体性、自主性与灵活性，事实上易导致个体对原则、规范的疏离与超越。②

既然中庸的一些原则与法律精神相背离，那么，以中庸实践思维来阐释司法场域下的一些当事人的诉讼行为是否妥当？这种研究意义何在？这是此研究必须要回答的问题。笔者认为，虽然法律讲求形式理性，但形式

---

① 张德胜、金耀基、陈海文、陈健民、杨中芳、赵志裕、伊沙白：《论中庸理性：工具理性、价值理性和沟通理性之外》，《社会学研究》2001年第2期，第33—48页。

② 余治平：《经权、常变的智慧——中庸之道的哲学根据》，《中山大学学报（社会科学版）》2008年第1期，第120—126页。

理性更多的只是法官、律师等法律人所具备的一套学理逻辑。很多当事人并不具备形式理性，他们的行为所依据的依然只是由中国文化与日常生活实践所"习得的"一套知识，即所谓的内隐理论。我们关注"实践中的法"，而非"书本中的法"，就不应以一种法学理论上的应然性去替代现实世界中的实然性。

法治的现代化并非一个简单的向西方国家学习的过程，还应当对中国自身的历史文化传统有一个正确的认识和理解。由于我国传统社会是一个情理社会，比较缺乏西方当代的法治主义传统。在中国的司法实践中，受儒家文化和现实制度因素的影响，可以发现一些当事人并不是司法实践的被动接受者，而是具有中庸理性的、具有灵活处世能力的行为人。相应地，一些法官也并非只是单纯地依据法条、遵循程序进行断案的审判者，有些时候还是说服对立双方当事人进行妥协、调解的"和事佬"。杨中芳与赵志裕所提出的中庸实践思维是一种本土化的理论构念，它根植于中华文化与社会内里。故依托"中庸实践思维体系"为理论框架，来理解个体在实践中的法律意识，具有很强的理论切合性。

二、概念界定与理论框架

（一）概念界定

1. 法律意识

在学界，关于法律意识的概念多种多样，如认为"法律意识是人们关于法律的感觉、要求、期待、评价、认识等精神要素的总和"①，"法（律）

---

① 王子琳编：《法律社会学》，吉林大学出版社 1991 年版，第 164 页。

意识是一种复杂的意识形态，它特指主体对法的现象、本质和作用的认知、解释、评价的综合心态和观念或意志"①，"法律意识是在一定社会条件下，人们（或集团）对以现行法为主体的法和法律现象的认识、评价、情感体验，进而调节自己行为的各种意识现象的总称，它是社会意识的一种特殊形式"②。总体而言，大家认为法律意识是指人对法律规范的主观认知、解释和评价，而这种认知和评价影响个体自身的行为。从这个角度而言，法律意识就是一种人们关于法律的主观规范。

然而，以这种概念来定义法律意识，在社会心理学的角度会遇到一些问题。第一个问题是产生于心理学研究的一些基本困境。如态度与行为的不一致性，以及判断与行为的断层等问题，认为人们的内在特质与想法是影响行为的主因，这种观念在实践层面经常遭遇失败。第二个问题，是因个体与社会文化、群体，以及与他者互动影响而导致了态度的变动性和行为的变异性。因而，我们不得不对法律意识的概念进行社会心理学视角的考虑与界定。

尤伊克和西尔贝认为以往关于法律意识的研究可分为两种取向：一种是态度取向的法律意识，把人们对法律的理解以及与法律的关系主要看作主观态度问题；另一种是作为结构产物的法律意识，认为意识是由存在决定的，是社会组织生产出的授权、维持和再生产的工具。她们认为以上两种思路有其自身的问题，即它们均是在主观与客观、结构与能动性、个人与社会这种二元对立的思维范畴思考问题，择其一端而取之。

在这种情况下，尤伊克和西尔贝们提出了第三种研究进路，即将法律

---

① 谢邦宇：《行为法学》，法律出版社1993年版，第343页。

② 王勇飞、王启富编：《中国法理纵论》，中国政法大学出版社1996年版，第175页。

意识看成"作为文化实践的意识"。所谓文化实践，就是人们在具体情境中叙述和互动构成的复合现象。法律意识并非一种针对法律的一系列抽象而孤立的态度，而是在人们所说所做中产生和显现出来的。它也并非完全个人的和主观的，法律意识是一种集体的建构。[①] 此种研究进路的提出旨在调和行动过程与结构限制的对立。她们将法律理解为具体的社会关系和结构的表现，认为当普通人在从事、回避或反抗法律和法律性的意义时，他们是怎样体验和理解法律性的，就是对法律意识的研究。[②] 她们认为法律意识具有多样性，不同的法律意识建立在不同的文化图式之上。每一种意识都引发了不同的判断和价值，都表达了对法律行为的不同解释。[③]

将法律意识当作一种实践思维，并认为其基于某种文化图式，具有深刻的理论意义。实践思维，即人们在处理日常生活事件，对要采用什么策略或行动、如何执行、如何事后反思纠正等做的思考。将法律意识当作一种实践思维，对解释由于个体受到社会文化影响而形成的态度、行为差异的心理机制具有重要意义。不同的法律意识是基于不同的文化图式，这对于引入文化视角解释人的认知行为亦具有重要价值。

2. 中庸实践思维

"中庸"是传统中国文化中的一个影响颇为深远的概念。可以说它既是一套哲学，亦是一套思维方法。朱熹认为："中者，无过不及之名也。

---

① ［美］尤伊克和西尔贝：《法律的公共空间——日常生活中的故事》，陆益龙译，商务印书馆 2005 年版，第 69 页。

② ［美］尤伊克和西尔贝：《法律的公共空间——日常生活中的故事》，陆益龙译，商务印书馆 2005 年版，第 56 页。

③ ［美］尤伊克和西尔贝：《法律的公共空间——日常生活中的故事》，陆益龙译，商务印书馆 2005 年版，第 300 页。

庸，平常也。"做事恰到好处，不要太过也不能不及，行平常之道即是中庸。中庸的基本精神是"执两端而允中"，传统认为，万事万物都有两端，即对立之两面，此两面并非矛盾的，而是相生相克的。中庸之道就是要把握此两端，并做到"以中为美"。《尚书》举九德，"宽而栗，柔而立，愿而慕，礼而敬，扰而毅，直而温，简而廉，刚而寒，强而义"。有德行的人是中庸的，即从这些对立的行为特性中求取平衡点。这个平衡点既非两者的中点，也不是一个定点，是依照情境不同，而施以不同的行为准则，而这种行为准则在此种情境下是恰到好处的。

在历史上，中庸概念一直是作为儒家道统观念出现的，是一种一般人难以达到的境界。所谓"天下可均也，爵禄可辞也，白刃可蹈也，中庸不可能也"（《中庸》）。我国本土社会心理学家杨中芳与赵志裕将中庸的概念引入社会心理学，他们将中庸作为一种社会心理学的概念进行阐释，中庸被描述为一种在特定历史文化环境中，个体受长期文化濡染而产生的一种思维方式。张德胜等进一步将中庸定义为，"以整全观的视野、自我节制的心态，求取恰如其分的最佳状态"。[①] 杨中芳后来提出了"中庸实践思维体系"的构念图，将中庸概念进行构念化。杨中芳认为中庸是一种实践思维，所谓的实践思维，是指人们在处理日常生活事件时，对于理解和思考事件的性质及涉及面，采用什么策略或行动，运用何种执行方式，以及怎样事后反思等所做的思考。杨中芳将中庸实践思维构念化为一个关于认知、动机、价值观等子构念之间彼此互相关联的思维架构。[②]

---

① 张德胜、金耀基、陈海文等：《论中庸理性：工具理性、价值理性和沟通理性之外》，《社会学研究》2001 年第 2 期，第 33—48 页。

② 杨中芳：《传统文化与社会科学结合之实例：中庸的社会心理学研究》，《中国人民大学学报》2009 年第 3 期，第 53—60 页。

如前文所述，法律意识是其基于某种文化图式一种实践思维。社会心理学之中的"中庸"概念亦是基于中国文化传统的一种实践思维体系。两者都强调"知行合一"，即将认知、价值、动机与行为合为一体进行通观，认为人的行为、策略反映了行动者当下的认知、动机与态度。

（二）理论框架

1. 中庸实践思维体系

20 多年前，杨中芳和赵志裕将中庸的概念引入了社会心理学研究，并认为这一传统的中国概念最能捕捉当今中国社会运作的精髓。[1] 从此，杨中芳等学者对中庸思维展开了一系列研究，最具代表意义和理论意义的是"中庸实践思维体系构念图"的提出。

之所以选取中庸实践思维作为理论架构，是有两个方面的原因。首先，笔者通过分析访谈材料文本发现，杨中芳的中庸实践思维体系构念图对于阐释某类特定中国人的法律意识具有很强的理论契合性。其次，在学理层面，杨国枢等人在研究变迁中的个体心理特征时发现，在社会变迁中，中国人的传统性与现代性实则是并存的，只不过传统性与现代性会随时间而有强弱程度的差异。也就是说，传统依然活在现代之中，它们之间的关系不一定是此消彼长的，传统与现代有可能是并存不悖的。[2] 作为一个传统性的思维模式，中庸思维依然存在于变迁中的中国社会中也并不值得称奇。

---

[1]　杨中芳、赵志裕：《中庸实践思维初探》，提交给"第四届华人心理与行为科际学术研讨会"的论文，台北，1997 年 5 月 29—31 日。

[2]　杨宜音：《人格变迁和变迁人格：社会变迁视角下的人格研究》，《西南大学学报社会科学版》2010 年第 4 期，第 1—8 页。

这恰恰反映了当今中国人在应对纠纷过程中所具有的法律意识的复杂性和丰富性。

下文首先回顾与中庸实践思维有关的相关概念，然后再进一步叙述杨氏所提出的中庸实践思维体系构念图。

（1）相关概念

中庸取向的思维强调恰如其分、整全观以及自我节制。恰如其分指的是个体要对行动处境中纵横交错、两极背驰的各种力量有高度的触觉，并在其间求取最适中的一点。所谓整全观，指的是个体不应只以自我所属的体系为参照架构，而是要以互动他者和自己在内的整个行动体系为参照架构，即要考虑到各方面的情况，照顾到各方面的利益。所谓自我节制，即行动者要同时考虑他方的利害，不以自我是否得到最大收益为依归，而是要谋求整体行动体系有关各方的最大收益，即所谓的双赢或者多赢，用俗语来说，就是追求"皆大欢喜"。总之，中庸之道包括"中"与"和"。"中"指恰如其分，不走极端，不偏不倚；"和"则是从整全观出发，谋求行动体系和谐共处。贯穿二者的，是一种节制心态。①

除了恰如其分、整全观和自我节制，对于中庸取向另一个重要的核心概念是"时中"。所谓的"时中"，要义有两点：一是要是"合乎时宜"，二是要"随时变通"。儒家认为，同样的言行，在不同的时间、场合下，将会产生不同的实际效果。因此，一个人的言论行为要获得好的实际效果，需要遵守"合乎时宜"和"随时变通"的原则。《论语》上讲公叔文子"时然后言，人不厌其言；乐然后笑，人不厌其笑，义然后取，人不厌其取"，

---

① 张德胜、金耀基、陈海文等：《论中庸理性：工具理性、价值理性和沟通理性之外》，《社会学研究》2001 年第 2 期，第 33—48 页。

当说的时候说，当笑的时候笑，当取的时候取，才不会招致人的厌烦，即是"合乎时宜"。《孟子》"执中为近之。执中无权，犹执一也"，以中道行事，不知权变，是偏执的做法，是不足取的。掌握"时中"的人，是能够随境、随时而变易的，在实践的过程中因客观处境而不断调整自己的目标和手段。

既然中庸是"合乎时宜""随时变通"，那么是否意味着具有中庸思维的人没有社会规范的制约？答案当然是否定的，"中无定体"的前提是"择善固执"。孔子云"夫礼所以制中也"，荀子亦云"曷谓中？礼义是也"。儒家的礼义其实就是社会道德规范的总称。择善必须考虑自己内心的感受、对方的期望以及社会规范。固执就是坚持原则决不妥协。故而，任何"恰如其分"方案的寻求都不能违背基本道德原则。

总之，中庸之道不但是个人自我修养之道，也是建立自我、人际及社会和谐的理想之道。[①] 这是与工具理性追求个人利益最大化的不同之处。中庸理性则要以节制取代效率，兼顾自己与整体的利益。这种行动取向正好为哈贝马斯所提倡的沟通理性提供了心理的意向和准备。中庸理性在一定程度上能够解决现代社会中因工具理性的彰显、价值理性的式微而造成的"理性的吊诡"。[②]

（2）中庸实践思维体系

随着中庸研究的深入，学者对"中庸"研究进行了不同形式和程度的构念化。杨中芳（2008）在综合前人概念的基础上，绘制了"中庸实践思

---

① 杨中芳：《中庸实践思维体系探研的初步进展》，（台北）《本土心理学研究》2010年第32期，第3—96页。

② 张德胜、金耀基、陈海文等：《论中庸理性：工具理性、价值理性和沟通理性之外》，《社会学研究》2001年第2期，第33—48页。

维体系构念图"。之后，杨中芳、林升栋用心理学的研究方法检验了 13 个构念图中的关键构念之间的关联性，结果粗略地支持了此种建构。①

在这一构念图中，"中庸实践思维体系"包括了集体文化思维层面、个体心理思维层面、反映个体生活适应及心理健康层面。这个构念图体现了中庸实践思维体系是一个层层相扣、具有连贯性的思维系统。集体文化思维层面涉及文化集体世界观、个体的思维方式及其行为受所处文化集体经年累月所沉淀的世界观的影响。个体心理思维层面包括了三个层次，每一个层次又包含了几个构念板块。其一，生活哲学层次，它与认知、动机及态度相关，包含了思维方式、生活目标、处世信念价值；其二，具体事件处理层次，主要涉及当人们处理正在发生的具体生活事件时，在选择如何行动前对事件的审视及定性（简称"择前思考"）、策略抉择以及行动执行；其三，事后反省、修正层次，涉及在具体事件处理过后，对自己当时行动的反省与修正，以及对自己处世心理及行为的再认识、重建。在心理健康层次，即运用中庸实践思维处理生活事件时，希望达致的心理效应，是中庸思维运作效度的依凭。它包括行动过后暂时性的"无怨无悔"的心情状态，以及较长久性的安定舒适感及生活满意度（如图 1-2）所示。②

---

① 杨中芳、林升栋：《中庸实践思维体系构念图的建构效度研究》，《社会学研究》2012 第 4 期，第 167—186 页。

② 杨中芳、林升栋：《中庸实践思维体系构念图的建构效度研究》，《社会学研究》2012 第 4 期，第 167—186 页。

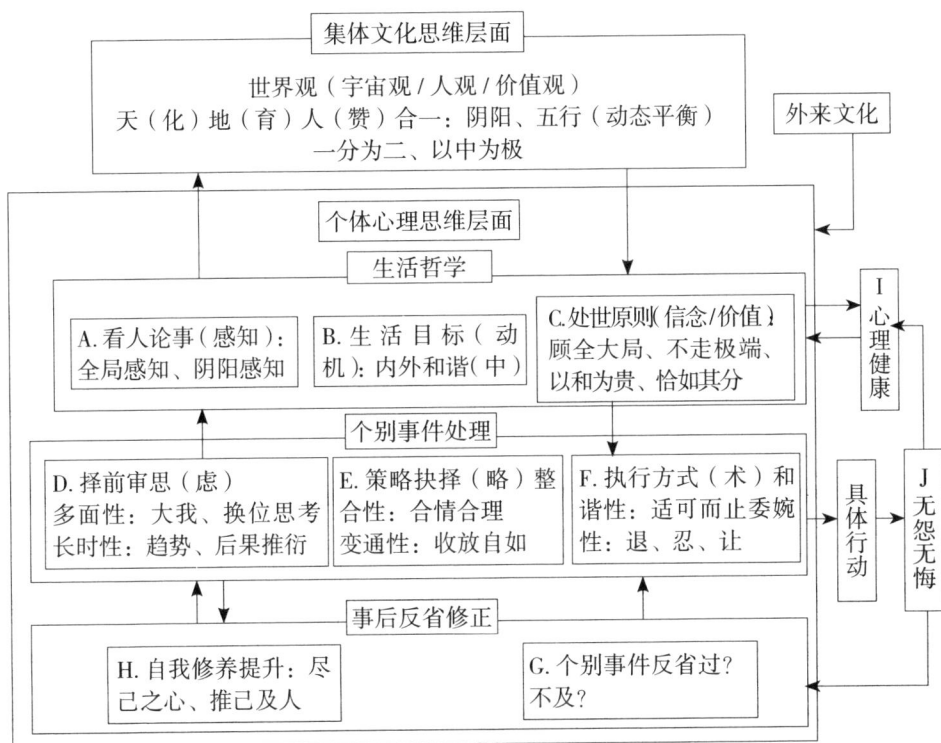

图 1-2 中庸实践思维体系构念图

具体而言，在认知层面，中庸思维包括了两个特点："全局感知"与"阴阳感知"。全局感知，即当个体看问题时，能够跳出自我这个狭隘的"陷阱"，将时空拉长、拉高和拉大，更客观冷静地理解万事万物，所谓"风物长宜放眼量"。阴阳感知，指看问题时能看到问题的两个或多个面相（称为"两极感知"），并认识到两个面相之间相生相克的关系（称为"转换感知"）。从动机层面而言，中庸所追求的生活目标或动机是一个"中"字。追求个体内心以及人际关系相对和谐、安宁的状态。换句话说，就是对满足自我需求以及人际关系和谐的"双重关注"。就信念价值层面（或曰处世原则）而言，就是人们为人处世、待人接物所遵循的一般原则与方向。包含了"顾全大局""不走极端""以和为贵""合情合理"等，代表了人们对"什么是应该和最值得做的"的想法的指引。①

具体事件处理层面是本研究的关注点。它包含了处理事件之前的思考（择前审思），处理事件中策略选择的原则（策略抉择），以及具体方案执行的方式技巧。在择前审思层面，中庸实践思维有三个特征：全局性，即将视野拉高，将人、我与环境的关系综合考量、全盘打算；长时性，即以长远的角度来审视形势的发展与变化；沉着性，即事先保持冷静，按兵不动。在策略抉择层面，包含了两个方面：整合性与变通性。所谓的整合性，是指选择方案前应看清各方之间相生相克的关系，整合它们，并找到一个能照顾各方的方案。变通性即根据特定事件的性质、当下的情境、涉及关系的不同而采取不同的解决方案。在中庸的执行方式上，为了以和为贵，中庸行为的特点包括迂回性和平衡术。即采取以退为进的方式达成目的，以及事后对不平衡的补偿等。②

中庸思维的研究已呈现诸多的研究成果，学者已在心理健康、工作领域、家庭功能等方面展开了相应的研究。但在纠纷解决方面较少有比较专门性的研究。学者还开发了测量中庸思维的诸多相关量表，其中应用范围最广的是黄金兰、林以正、杨中芳（2012）修订过的《中庸信念／价值量表》，这一量表探测的是有关处世原则（信念／价值）这一构念板块的子构念。杨中芳、林升栋后来通过对于该量表的探索因素分析，找出了两个因子，将测试题细分为两个题组：一种是与思考问题相关的"拔高视野"，另一

---

① 杨中芳：《中庸社会心理学研究的构念化：兼本辑导读》，杨宜音主编《中国社会心理学评论（第7辑）》，社会科学文献出版社2014年版，第7页。

② 杨中芳：《中庸社会心理学研究的构念化：兼本辑导读》，杨宜音主编《中国社会心理学评论（第7辑）》，社会科学文献出版社2014年版，第8—9页。

种是与退、让、忍等自我节制相关的"自我收敛"。中庸信念 / 价值量表测量的是个体的信念、价值，而非测量个体在现实生活中关于中庸的实际做法与经验，杨中芳所编的"中庸实践自评量表总汇"在一定程度上弥补了此种不足。自评量表包含了 4 个子量表，分别测量沉着克制、多方慎思、事后反省、迷惘委屈 4 个子构念，前三个构念涉及具体事件处理的思维历程，统称为中庸行动变量。后一个构念则是关于心理健康层面，是关于中庸的负面经验变量。

通过对于相关中庸思维子构念的测量，其研究主要关注中庸各个子变量间的相关关系，在方法上以定量为主。目前，学界对中庸实践思维尚处于起步阶段，除了需要对中庸思维展开一般性的定量研究外，更需要加强研究的"切事性"，应更多地关注具体事件下不同个体对中庸思维的运用问题。由于实验等研究方式在外部效度方面存在问题，用质性研究方法作为补充，以丰富中庸思维的研究亦是十分必要的。

中庸思维强调"执两端而允中"，并倡导做到"以中为美"。中庸思维与法律会存在一些相通之处，亚里士多德曾说"法律是一种中道的权衡"，尤其在法院的调解进程中，传统的中庸思维依然发挥着重要的作用。中庸思维强调"执两端而允中"，而纠纷中的对立双方实则更能凸显出"两端"的明晰性和对立性。故而，探讨中庸思维在法院调和与解决人际纠纷中的作用具有较强的理论与现实意义。

（3）反中庸实践思维

张载说："有象斯有对，对必反其为。"（《正蒙·太和篇》）意思是万事万物必定有一个东西和它相对，而相对的事物，其性质必然是相反的。"在事物的诸多联系中，最主要、最本质的联系，便是此一事物与正相对立的彼一事物间的联系，那是一种既相反又相成的联系。"① 杨中芳、赵志裕提出了中庸实践思维体系的构念，诸多学者对中庸实践思维、中庸理性等进行了深入的研究，并产生了一系列研究成果。但是对中庸的研究似乎有一点不太符合中庸的精神，即缺乏对反中庸思维的研究。对中庸的研究预设，个体的思维方式和行为受所处文化集体所沉淀下来的特殊世界观的影响。在中国的历史长河中，以儒家为代表的传统文化确然已深入中华民族的肌理，并影响着个体的认知和行为策略选择。但是这并不代表着中庸实践思维影响着每个华人行动者的文化认知图式，中庸实践思维存在个体特异性，也同时具有一定的情境性。反中庸实践思维在不同的个体与不同的情境中亦具有鲜明的体现。

古代典籍《中庸》一书中将违背中庸品质的人称之为"小人"，与具有"中庸"品质的"君子"相对。仲尼曰："君子中庸，小人反中庸。君子之中庸也，君子而时中；小人之中庸也，小人而无忌惮也。"君子之所以中庸，是因为君子随时做到适中，无过无不及；小人之所以违背中庸，是因为小人肆无忌惮，走极端。故违背中庸品质的人是偏至的，不能"以中为美"，做事容易过火，在行为上体现为过与不及。这类似于荀子所说的"偏伤"，也就是做人具有片面性，只见一面，而不见其他面。只执一端，而不知执两端。"凡人之患，偏伤之也。见其可欲也，则不虑其可恶也者；见其可利也，则不顾其可害也者。是以动则必陷，为则必辱：是偏伤之患也。"（《荀子·不苟》）荀子认为，偏执于一端，没有对立的一端作为牵制，容易走向极端，进而向相反的方向转化，造成祸患。②

---

① 庞朴：《中庸与三分》，《文史哲》2000 年第 4 期，第 21—27 页。

② 庞朴：《"中庸"平议》，《中国社会科学》1980 年第 1 期，第 75—100 页。

从社会心理层面上说，反中庸思维是相对于中庸思维而言的，指的是违背中庸思维而具有的特征。黄金兰、林以正、杨中芳（2012）所运用最为广泛的中庸信念/价值量表量表（也称中庸9题量表）中，每题涉及两个陈述句，其一为与中庸思维相符合的陈述，其二为与中庸思维不符合的陈述。作答方式是让受测者在每个测试题的两个陈述句中，选择一个自己比较同意的句子，然后再标识出对于所选陈述句的认可程度。因为采取此种测量方式，则可以认为，"中庸句"与"非中庸句"在某种程度上是对立的，否则此种计分则不恰当。① 是故可以推论，中庸信念/价值量表中实则涉及到了对于反中庸思维的相关测量。笔者拆选出中庸信念/价值量表中的非中庸句，进而对之进行内容编码，如表1-1所示。

表 1-1 中庸信念/价值量表中的非中庸句与内容编码

非中庸句	内容编码
1. 与人相处，不能吃亏，否则别人会得寸进尺。	与人相处—进取性、自我取向
2. 处理事情要当机立断，免得节外生枝。	处理事情—当机立断、认知启发性
3. 做事如不采取强硬态度，别人便会看不起你。	处理事情—进取性
4. 不管你怎么看，每件事情都可以归结为"好的"或"不好的"。	看待事情—片面性
5. 与人相处依理行事即可，不必兼顾人情。	与人相处—依理行事
6. 人为争一口气，有时候得不怕得罪人。	与人相处—进取性、反和谐
7. 一个人要是运气好，自己不用做什么，机会也会自动找上门。	看待事情—主体性缺失
8. 有理就要据理力争。	处理事情—进取性、依理行事
9. 做事总是要顾全大局的话，往往只是委曲求全。	处理事情—自我取向、进取性

由于现缺乏相关实证证据作为支撑，在此笔者只是初步地提出并简要地描摹反中庸思维的相关特性，以作为中庸实践思维概念的引申。至于精细构念的提出，则留待未来发展。这里需要说明的是，在逻辑上，反中庸与非中庸的概念有所区别。反中庸指的是对中庸精神或理念的违背，而非

① 杨中芳：《"中庸信念/价值量表"到底在测什么》，杨宜音主编《中国社会心理学评论（第7辑）》，社会科学文献出版社2014年版，第61页。

中庸则指涉的外延更广泛。但在此量表中，所说的非中庸句实则指代的是反中庸的概念。在基于对中庸信念/价值量表的非中庸句的分析，以及对比中庸思维所具有的相关特征的基础之上，可以简单而初步地概括反中庸思维具有如下特征：在认知上，反中庸思维专注于自我单一化的认知视域，看问题容易执于一端，对于事物的认知不具有全局性。从动机上，反中庸思维只关注自我需求的满足，对他者需求以及维护人际关系的和谐缺乏重视。在信念价值观上，依理行事、据理力争。在处理事件之前，缺乏权衡和审时度势，具有认知启发式的思维。在策略选择上，不具有整合性与变通性，以自身利益为依归，方案固定，不能因时制宜。在执行方式上，为争得自我利益，采取竞争策略，行为的特点具有进取性和直接性。

综合对比中庸思维与反中庸思维，可以发现二者之间就性质而言是彼此冲突的。就认知层面而言，中庸思维所体现的是一种"全局感知"与"阴阳感知"，而反中庸思维则表现为一种以自我为参照的单一认知视域。就动机而言，中庸思维秉持着一种对自我与他者需求双重关注的，注重人际和谐的取向。而反中庸思维在动机上则表现出只关注自我利益的实现，并忽视他者需求。就行动方式而言，中庸思维表现出一种圆融、灵活的行动方式，而反中庸思维则往往在行动中策略固定，行为过激。

2. 中庸思维与相关社会心理学研究

中庸狭义上讲就是所谓的"执两端而允中"。体现在认知上，中庸实践思维是"全局感知"与"阴阳感知"，体现在动机上，则是个人内心与人际关系的内外和谐。[①] "全局感知"在心理学层面涉及认知特征与信息

---

① 杨中芳：《中庸社会心理学研究的构念化：兼本辑导读》，杨宜音主编《中国社会心理学评论（第7辑）》，社会科学文献出版社 2014 年版，第 7 页。

处理方式、思维的整合性、心理距离等方面。"阴阳感知"与认知和情绪调节的灵活性有关联。中庸实践思维是建筑在实证的基础之上的，故而应当探究心理学的已有理论研究与中庸实践思维的"同一性"与"矛盾性"。

（1）关于全局性认知的研究

中庸实践思维的"全局感知"与"阴阳感知"在一个层面上指的是看待事物要综观全览，看待问题要"一体两（多）面"，实则涉及个体对于信息加工处理的方式问题。一系列实验证明，人们加工信息有两种基本模式：一种为有意的、有意识的、分析性的、基于逻辑和努力的加工；另一种为自动的、前意识的、启发式的、基于感性和不努力的加工。[1] 具有中庸思维的个体加工信息的方式应属于前者，而反中庸思维的个体加工信息的方式属于后者。研究表明，个体运用何种方式加工信息受个体认知特征的影响。个体的认知特征包括"认知需求"与"认知闭合需求"。

"认知需求"指的是"个体参与和享受思考的倾向"。[2] 高认知需求与低认知需求的人在认知喜爱程度和认知投入程度上是有差异的。高认知需求者比起低认知需求者更可能投入到信息加工活动中，更努力地加工处理信息。他们根据信息做出有效的评估和判断，并将加工处理后所得到的结果运用到相应的具体范围。低认知需求者在处理信息时不愿意投入过多的认知努力，习惯依赖已有的信息，倾向于将所得的重要信息进行更广泛的推论。

"认知闭合需求"是个体应对模糊性时表现出的动机和愿望，是给

---

[1] Epstein S, R Pacini, V Denesraj, et al. "Individual differences in intuitive - experiential and analytical - rational thinking styles", *Journal of Personality and Social Psychology*, vol.2, 1996, pp.390–405.

[2] Cacioppo J T, R E Petty. "The need for cognition", *Journal of personality and social psychology*, vol.1, 1982, pp.116–131.

问题找到一个明确答案的愿望——无论是什么样的答案，因为相对于混乱和不确定，任何明确的答案都更好些。[①] 认知闭合动机对于个体的信息处理过程具有显著的影响。认知闭合程度高的个体在比较快速地吸纳信息并对事物做出判断后，就会固守自己所形成的的判断，面对出现的新信息也会比较"闭合"，不太会根据新信息来调整自己的立场。[②] 因而，高认知闭合者对信息的吸收比较片面和肤浅，在决策上更容易出现偏差和失误。

除了信息加工方式，中庸强调"执两端而允中"，也意味着对互相矛盾的信息进行整合式的处理。这就涉及整合性思维。所谓整合性思维，指从多角度看问题，能运用多种准则思考这些问题的能力[③]，也是包容不同观点并将之整合、建立新联系的能力。[④] 整合思维能力高的个体能够理解不同的观点，在处理问题时倾向于采取整合的方式。[⑤] 他们具有对相对矛盾元素的整合能力，能够对与自己不一致的他人的行为和动机加以容忍，[⑥]

① Kruglanski A W. "The psychology of being "right": The problem of accuracy in social perception and cognition", *Psychological Bulletin*, vol.3, 1989, pp.395–409.

② Kruglanski A W, D M Webster. "Motivated closing of the mind: "Seizing" and "freezing"", *Psychological review*, vol.2, 1996, pp.263–283.

③ Tetlock P E. "Accountability and complexity of thought", *Journal of personality and social psychology*, vol.1, 1983, pp.74–83.

④ 王飞雪、刘思思：《中庸思维对自我一致性和自我矛盾冲突感的影响》，杨宜音主编《中国社会心理学评论（第 7 辑）》，社会科学文献出版社 2014 年版，第 131—152 页。

⑤ Tetlock P E, R S Peterson, J M Berry. "Flattering and unflattering personality portraits of integratively simple and complex managers", *Journal of Personality and Social Psychology*, vol.3, 1993, pp.500–511.

⑥ Tadmor C T, P E Tetlock, K Peng. "Acculturation strategies and integrative complexity: The cognitive implications of biculturalism", *Journal of Cross-Cultural Psychology*, vol.1, 2009, pp.105–139.

在解决问题时倾向于寻找一种综合的方式。① 具有中庸思维的个体具有较高的整合性思维能力。

除此之外，全局性的认知也与心理距离有关。大量研究表明，人们倾向于更多地使用反映事物内涵的一般的、核心的、去背景化的特征来解释心理距离遥远的事物，更多使用偶然的、外围的、背景化的特征来解释心理距离较近的事物。②③ 故而，当个体面对困境，相较于采取自我浸入观点（self-immersed perspective）或自我拉远观点（self-distanced perspective）来分析所面临的问题，会有较佳的身心适应，产生较少的愤怒与攻击行为。④ 并且，自我拉远可以促进适应性反思，重构经验，找到新的问题解决方式。故而，全局性认知包含了认知的整全性以及在认知的过程中较少的自我涉入。

（2）关于认知的转换性与灵活性

中庸的阴阳思维包含了阴阳转换的概念。阴阳转换思维指相信事物均有着对立的两面，但两者是互相包含和转化的。当一种状态到了极端之后，会转换为相反的状态。所谓"坤阴极盛则阳生，乾阳极盛则阴始"。学者已经对阴阳思维做出初步的研究。有实验表明，当面对极端情境时，相较于"负转正"的阴阳转折思维，"正转负"的转折次数越多的个体，即所

---

① Tetlock P E，D Armor，R S Peterson．"The slavery debate in antebellum America: Cognitive style，value conflict，and the limits of compromise"，*Journal of Personality and Social Psychology*，vol.1，1994，pp.115-126.

② Bar-Anan，Yoav，et al．"Automatic processing of psychological distance: evidence from a Stroop task"，*Journal of Experimental Psychology: General*，vol.4，2007，p.610.

③ Trope Y，N Liberman．"Temporal construal"，*Psychological review*，vol.3，2003，p.403.

④ Kross E，O Ayduk．"Making Meaning out of Negative Experiences by Self-Distancing"，*Current Directions in Psychological Science*，vol.3，2011，pp.187-191.

谓的"居安思危"者，做出极端判断的可能性越小。①

除此之外，阴阳转换也与灵活性有关。心理学上的灵活性是指人们在注意、思考等认知过程中可灵活转换方向和范畴的自由度。灵活性体现在认知上，也体现在情绪调节与行为上。认知灵活性是个体采用认知策略适应新环境的能力。灵活的认知使注意力能够发生改变或转移，从而引起认知策略以及行为的改变。认知灵活性也是行为灵活性的前提条件，在不同的情境中调整认知评价和应对模式，才能促使应对策略与情境很好地吻合。

（3）关于动机的研究

具有中庸实践思维的个体在动机上讲求"以中为美"，也就是不但要维持自身内心安宁，也要维护人际关系的和谐。具体到冲突的解决上，则是既要关注自身的利益需要，也要关注他者的需要。这与 Pruitt 和 Rubin（1986）提出的关于谈判的双关注理论（Dual Concern Theory）颇有类似之处。

双关注理论认为有两种动机对谈判有重要的影响，即关注他人动机与关注自我的动机。该理论假定关注他人与关注自己两种动机是相互独立的，影响关注他人的因素并不必然影响关注自己。② 谈判者双方所具有的关注他人或关注自我两种动机的不同组合，决定了谈判者对谈判策略的选择。当高度关注他人结果而不关注自己的结果时，会采取屈服策略。当高度关注自己的结果，而不顾他人的结果时，会采取竞争策略（与反中庸思维类似）。当既不关注自己又不关注他人的结果时，会采取逃避策略。当既高度关注自己的结果，又关注他人的结果，而不愿意让步时，则采取问题解

① 孙蒨如：《阴阳思维与极端判断：阴阳思维的动态本质初探》，杨宜音主编《中国社会心理学评论（第7辑）》，社会科学文献出版社2014年版，第126—127页。

② Van Lange. "The pursuit of joint outcomes and equality in outcomes: An integrative model of social value orientation", *Journal of Personality and Social Psychology*, vol.2, 1999, pp.337-349.

决的策略。①

还有些版本的双重关注模型提出了第五种策略，即"妥协"，指冲突双方努力在双方诉求之间找到一个中间妥协点。妥协与合作不同，合作要求灵活性与创造性，妥协要求交换。② 妥协和合作在动机上亦有所差别，合作意味着高度关注自己与他人的需求，而妥协意味着关注自我与他者的态度都有，且比较温和。研究表明，关注他者的动机能够使人理解对方的观点，从而对对方产生良好的态度和关系，互相做出让步，达成整合性结果或折衷的结果。③ 中庸实践思维在行为方式上类似于妥协的策略，在动机上类似于合作策略。

总之，具有中庸思维的个体能够以整全的、开放性的方式处理信息，能够容忍和整合矛盾的信息，能够采取较远的心理距离来对待困境，能够灵活地转换认知以适应情境的要求，能够同时关注自我与他者的需求。以上相关的社会心理学研究与中庸思维具有密切的联系。然而，中庸实践思维与以上研究的不同之处在于，中庸思维不仅仅只是一种认知。所谓"中庸"者，以"中"为用也，中庸是一种用的过程，是强调"知行合一"的实践理性。中庸实践思维既在"事"上体现，也在"行"中彰显。这是中庸实践思维与一般的西方心理学概念最大的不同。

杨中芳所提出的中庸实践思维体系构念图涉及认知、动机、信念价值、策略选择、行为方式、心理健康等方方面面。虽然屡被学者引用，

---

① Pruitt D G，J Z Rubin．"Social conflict: Escalation，impasse，and resolution"，*Reding*，MA: Addision-Wesley，1986.

② Folger J P，R K Stutman，*Working through conflict*，Boston:Addison Wesley Publishing Company，1996.

③ Deutsh M.A．"Theory of Cooperation and Competition"，*Human Relations*，vol.2，1949，pp.199–231.

相应的一些关系也得到了实证研究的证实，但也有人提出过批评。学者黄光国认为，从科学哲学的角度看，一个无所不包的构念可以指称一切，但也可能什么都不是。此构念图确实涵盖甚广，且各个成分、因素、层级之间也存在多重往复的关系。[①] 故而，我们不能在研究中全部涉及。"致广大而尽精微"，出于研究目的，我们对于法院当事人纠纷的研究主要关注行为的策略选择、执行方式等方面，以及由此所反映的认知与动机。

三、研究方法与田野工作

（一）研究方法

本研究是基于田野调查的定性研究，采取的是案例研究的方法，关注的是个别的而具有典型性的现象。众所周知，案例研究不追求代表性，但是却具有意义的丰富性和复杂性。关于法律意识的研究，大致有两种取向，一种是采取社会调查，通过问卷调查，探寻人们对于法律的普遍性认知与态度。另一种则是以案例研究的方式，通过参与式观察与访谈，来探寻单独个体对于法律的理解。利用问卷方法测量人们的法律意识有其局限性，其中最为紧要的一点在于，问卷所得的主要是人们一般对于法律的期望与感受。而质性的研究能够更深入内里，关注个体已然与法律交手后的轮廓，以及期望逐渐变化的过程。[②] 案例向人们展示了真实生活环境中的人的行动和互动。我们可以从中理解和解释个体为何在行动中采取这种策略而不

---

① 杨宜音：《日常生活的道德意义和生命意义：兼谈中庸实践思维的构念化》，杨宜音主编《中国社会心理学评论（第7辑）》，社会科学文献出版社2014年版，第271页。

② 刘子曦：《法律意识的两个维度：以业主诉讼维权为例》，《开放时代》2014年第4期，第133—147页。

是那种策略，是这样行动而不是那样行动，什么样的法律意识影响或约束了他们，引导了他们这样行为，并产生了这样的结果。

具体而言，本研究采取的质性研究方式是延伸个案法。延伸个案法取向试图从理论出发，意图通过个案分析使理论得到深化，而非试图验证理论或否定理论。[①]本研究所挑选的案例并非具有普遍代表性，案例所呈现出的只是两种特有的法律意识。本研究中案例的价值在于其独特性与社会意义，而非统计上的显著性。本研究试图将中庸实践思维体系作为理论框架，阐释案例所呈现的法律意识，并通过扩展案例，同中求异，比较案例之间的区别与联系，进而与理论进行对话。一方面使案例为理论做"示例"，通过对案例深厚的描述，展示中庸实践思维体系构念图的效用；另一方面，通过扩展个案，探索不同于中庸实践思维的新的概念类型——反中庸思维，丰富并扩展原有的思维体系构念图。

本书将通过讲故事的方式将几个典型的案例呈现出来。"人们倾向于用讲故事的方式向自己或他人解释他们的行动，作为社会行动的形式之一，故事因此也反映和维持了制度和文化的安排，为日常生活中的社会互动与更广泛的社会结构之间的鸿沟架起了一座桥梁。换句话说，人们所讲述的关于他们自己及其生活的故事，既建构又解释了他们的生活；这些故事把世界描绘成由故事讲述人所居住和理解的世界"。[②]讲故事的过程实则就是讲述者在特定的话语系统的引导和约束下对其经验所进行的一种话语建构。讲述者所描述的故事并非对事实真实地再现，而是根据自身倾向、态

---

① 瞿海源等：《社会及行为科学研究法（二）：质性研究法》，社会科学文献出版社 2013 年版，第 71 页。

② ［美］尤伊克和西尔贝：《法律的公共空间——日常生活中的故事》，陆益龙译，商务印书馆 2005 年版，第 48 页。

度以及谈话目的重构过的事实。基于此种原因，我们也有必要对当事人诉讼话语以及故事本身进行一些话语分析，以探寻这些话语所蕴含的意义以及背后的因由，并对比不同讲述者所建构的故事的差异。

（二）田野工作

笔者的田野研究地选在了华北 H 省某市某区人民法院所下属的一个派出法庭。选取此派出法庭作为研究地点有两点考虑：首先，案例特征的典型性。该派出法庭是其所在区中矛盾纠纷较多的地方，丰富的案件资源为笔者的调查研究提供充足的养料。派出法庭所在的镇属于城乡结合部，工业与农业的互相交织产生多元的文化结构，规范也存在着多样性。其次，研究的可行性。由于笔者和该派出法庭的一个法官熟识，为笔者能够顺利进入研究田野和开展研究调查提供了便利的条件。

在实地调查期间，笔者收集了以下三个方面的资料：一是法院的各类文件档案资料，包括法院的制度规章以及案件卷宗，以及所在地的镇志等。二是法院实际运行的资料，包括旁听庭审记录与观察日志等。三是研究对象的访谈和观察资料。

调查地点所在的金镇（化名）位于 Z 市，金镇是 Z 市河东区下辖的一个卫星城镇。虽然金镇在行政上属于河东区，但是在空间距离上却离河东区有 15 公里之遥，四面皆被平县所环抱。金镇在 Z 市的下属乡镇里，属于一个较为富庶的地方，交通便利，四通八达。历史上金镇曾是一个水路航运的集散中心，近代航道断绝之后，又有铁路与国道贯通其间。金镇虽为一个远离市区的乡镇，但其工业素有优势，三个国有大中型企业坐落于此。在 20 世纪八九十年代国有企业效益鼎盛之时，金镇的经济水平曾一度在全国的乡镇排名中位居前列。但最近十几年，伴随着国企效益的下降，金镇的经济也逐渐呈现出衰落之态。金镇下辖 7 个社区和 14 个村，人口 4 万余人。它属于一个亦工亦农、亦城亦乡的地方。之所以选择金镇作为调研的地点，其中的一个重要因素也是它的这一特性。正是因为它亦工亦农、亦城亦乡，所以就在文化上具有多元性和混杂性，传统性和现代性两种特征在此地有更为鲜明的体现。

金镇派出法庭主管金镇的 14 个自然村和 7 个社区的民事纠纷工作。现有工作人员 7 名，其中法官 3 名，书记员 1 名，陪审员 2 名，后勤 1 名。在这些工作人员中，只有 3 名法官属于公务员编制。在一些河东区法官眼中，金镇属于一个民风较为剽悍之地，不讲理的"刺头"极多，河东区法院里现今还流传着"金镇魔咒"，十几年来河东区法院派到此法庭当庭长的法官有多数都因被当事人状告而影响了其职位的晋升。总之这是一个矛盾频发、是非多生之地。

总的来说，笔者进入金镇法庭进行调研的过程是比较顺利的，由于笔者的好友是金镇法庭的法官之一，入场就十分容易。在调研过程中，金镇法庭的庭长、副庭长对笔者的工作给予了很多支持，外加上笔者的"博士"光环，很多当事人乐于向笔者叙述他们打官司的经历以及心路历程。2016 年 1 月 13 日，笔者第一次前往金镇派出法庭，至 2016 年 8 月 5 号笔者正式结束了调查工作，中间有所间隔，笔者总共在金镇法庭调查的时间大概是 3 个多月。

在金镇进行田野调研期间，笔者搜集了大量的研究素材，深入调查 10 个左右的案例，分别涉及土地纠纷、劳动争议纠纷、租赁合同纠纷、借款合同纠纷、子女赡养纠纷、婚姻纠纷等。出于研究目的和内容所限，笔者从中挑选出了 4 个案例作为典型案例进行研究，分别是徐某与电厂之间的劳动争议纠纷、李某与镇政府之间的租赁合同纠纷、项志远与刘祖田之间的土地纠纷、宋楚河与宋嘉之间的土地租赁纠纷。

如前所述，本研究所选取的四个案例并非基于大样本的代表性，笔者所选取的案例就其特征而言其实是特异个案，而之所以挑选这四个案例进行研究，是基于以下几点考虑：首先，本书个案的选取是基于个案是否具有理论意义和社会价值。笔者所挑选的案例首先具有一定的复杂性，且持续时间不能太短，只有这样，才能体现出法律意识与冲突过程的动态关联性。笔者意图研究的是个体的法律意识对于冲突有影响的案例，故而其纠纷的复杂性和当事人的卷入程度应当是比较高的。其次，出于要进行案例比较的考虑，在对四个案例进行单独分析的基础上，笔者意图对案例进行两两的比较对照，以探索个体不同的法律意识在应对纠纷中的表现差异，以及对纠纷的发生发展所造成的影响。比较的前提在于同中求异，笔者希望通过有意识的选择案例，达到控制变量、比较案例的效果。组内的两个案例之间应尽可能在纠纷的发生过程和性质上是类似的，这样才能方便比较和突显不同的法律意识在相似案件中所发挥的不同作用。

基于上述考虑，笔者挑选了四个案例，前两个案例（徐某案、李某案）涉及人与组织之间的纠纷，后两个案例涉及同村村民之间关于土地的纠纷冲突。案件在性质上两两相似，但案例中个体之间所表现出的法律意识却不尽相同。

四、章节导读

本书共分为七章，具体结构安排如下：

第一章为导论。首先从现实和理论角度提出问题，并进行概念界定，通过对文献的梳理提出理论模型，强调中庸实践思维体系构念对本书的指导作用。之后对研究方法、田野工作和章节结构作出交待。

第二章为"中庸思维 ① 与纠纷应对方式"。此章节开始转向案例研究，以李某与镇政府的合同纠纷案为例证。论述李某在策略选择、执行方式和人际沟通方式等方面所表现出的中庸思维特征。通过叙述李某在应对纠纷过程中个体化、具身化的实践方式，以突显中庸思维在应对纠纷之中所表现出的相关特征，以及对于纠纷进程的相应影响。

第三章是"反中庸思维与纠纷应对方式"。该章节以徐某与电厂的劳动争议为案例，着重论述徐某在策略选择、执行方式和人际沟通方式方面所表现出的反中庸思维特征。通过展现徐某对于纠纷的应对过程，进一步探讨反中庸思维在认知、动机以及行为方式上所表现出的特质，以及对于纠纷进程的影响。

第四章是"中庸思维与纠纷和合方式"。本章将以宋楚河与宋嘉土地合同纠纷为例，着重于描述与分析土地纠纷的成功和解过程。详细描述分析调解人在调解过程中，如何运用中庸思维弥合对立双方，而达成和解的具体策略方式。之后，进一步探讨作为调解人所具有的中庸思维的相关特性，以及这些特性对于纠纷和解的重要作用。

第五章为"反中庸思维与调解的失效"。本章将以项志远与刘祖田的土地纠纷为例，着重叙述和分析此案例调解失败的过程，探讨并分析法官与被告当事人在目标取向与认知方式上的区隔所造成的调解的失效。之后，进一步阐释被告所展现的反中庸思维对于纠纷和解的阻碍作用，以及法官所具有的风险规避取向对于纠纷调解失败所产生的影响。

第六章是"案例对比分析"。本章将对案例进行两两对比。首先对比

---

① 为行文方便，本文将混用中庸实践思维与中庸思维，反中庸实践思维与反中庸思维，前者是后者的简化，并无实质之区分。

分析李某与徐某对法律的认知、对败诉的归因，以及应对纠纷的策略方式的不同之处。以对比中庸思维与反中庸思维在认知、动机与行为维度上的不同特点。之后，对两个土地纠纷调解案进行对比分析，探讨两个案例的不同调解人的差异之处，以及当事人的思维方式对于冲突的性质的影响。之后，进一步探讨达成和解所需的必要条件。

第七章是结论。该章总结全文，将四个案例进行综观和对比，抽象概括中庸实践思维与反中庸实践思维在认知、动机与行为方面的相关特性，并探讨中庸与反中庸思维的影响机制与相关类型。之后探讨中庸思维、反中庸思维与社会秩序的关系，并阐述本书所具有的研究局限以及未来的研究方向。

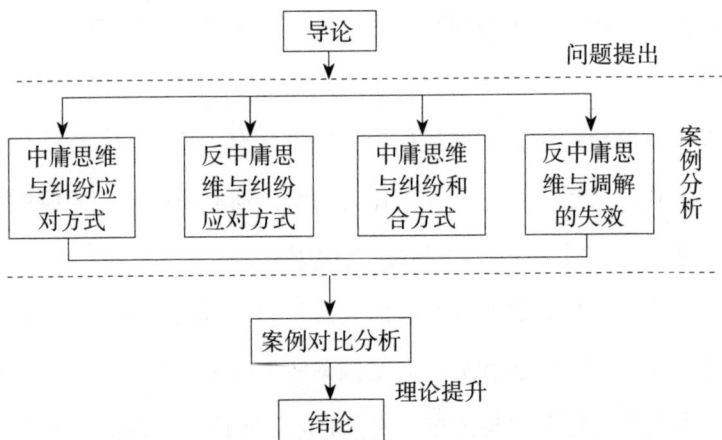

图 1-3　研究思路与框架

第二章　中庸思维与纠纷应对方式
——以李某与镇政府的合同纠纷案为例

> 我曾梦见我和 5 个人在一个水库的边缘，我要上岸，但那 5 个人总是想要把我拉到水里去，我就挣脱他们，不让自己掉下去，最后终于上了岸。回头再看，发现那 5 个想把我拉进水里的人反而自己都掉了下去。
>
> ——李某

一、李某与镇政府的合同纠纷始末

（一）案情概况

1988 年 3 月，金镇的李某承包了一个距离金镇 20 余里的农场。农场是一个面积为 114.2 亩的荒坡土岗地。承包农场时，李某与镇政府签订了承包合同，合同规定农场的承包期为 10 年，李某每年须向发包人镇政府缴纳承包费 4000 元。当时，李某接手农场的固定财产为 6118.29 元。当时农场的位置比较偏远，无水无电，条件比较艰苦。李某到农场之后的 6 年时间里，经多方贷款，先后打了两眼深机井，架设了 3800 米高低压电线，种植了一些果树，搞起了多种养殖。

6 年之后，1993 年 7 月，镇政府以李某经营管理不善造成了经营性亏损，并连续两年未能如约缴纳承包费为理由，将李某起诉至法院，要求解除双方签订的承包合同，并补缴 3 年所拖欠的承包费。

关于农场是否存在经营管理不善的问题，李某与镇政府的看法是不同的。据李某解释，由于 1993 年新调来一个镇长，看到农场利润颇丰，而农场上缴的承包费又过少，得了"红眼病"，想让自己人干。先是叫李某去当农机站站长，李某未同意。之后就以未缴承包费为由要解除合同。李某说，未缴承包费虽是实情，但事出有因。因当时农场投资过大，李某请求政府照顾支援，镇政府允诺支援农场 10000 元，但始终未落实。后来镇政府答应免交两年承包费。

因年代久远，又缺乏书面证据，事实究竟如何已经不可考证。但尔后的事实却是确定的。1993 年 7 月，镇政府认为法庭审理程序过于繁琐，劳心费时，上诉之后没多久又撤回了起诉。之后，镇政府很快以镇政府文件的形式作出了解除承包合同的书面决定，并于当日派人强行接管了农场。任命王兵[1]为场长，将原有职工赶出了农场。这种突然地、强行地接管农场的行为，致使了农场奶牛、水泵、拖拉机等重要农资下落不明，造成了直接经济损失数万元。[2]镇政府下令接管农场时，并未对在李某接管期间新增的财产做出任何处理。

---

① 继李某之后的农场承包人，原镇政府统计办公室主任。

② 河东区人民政府法制办公室内部文件《不知法，有理败官司——对一场经济纠纷案件的分析》。

李某因不服镇政府单方撕毁合同、强行接管农场，而又对财产不做处理的行为，1993 年 8 月 4 日将金镇镇政府诉至河东区人民法院民事法庭，并根据农场的新增财产的清单提出了 8 项财产赔偿要求，包括机井、供电设施、牲畜的损失、新增树木、银行贷款利息等，共计 40 万元余元。

起诉之后，李某认为，农场的牲畜得不到喂养即将饿死，而财产不及时清点面临丢失的危险，单靠法院审理程序太慢。所以未待区法院审理开庭，李某就带领农场职工约 20 余人，奔赴市委，进行了一次小规模的集体上访活动。后来，金镇镇长与副镇长因为此事被撤职。在区法院的斡旋下，1993 年李某与镇政府达成初步的调解协议。1994 年至 1997 年，李某长期且频繁地奔走于区委与法院、镇政府之间进行交涉。在此期间，区法院频繁地下达裁定书，将李某的财产分项作出赔偿处理（如附录 1 所示）。至 1997 年，李某得到的财产赔偿约为 17 万元余元，机井、高压线两样重要财产因镇政府拒不接收，仍归李某所有。但是据李某所要求的 40 万元还相距甚远。

1997 年至 2002 年，李某的诉讼进程并不顺利。历经了一系列的再审、起诉、上诉、申诉等，李某认为之前的裁定、判决计算错误，并且漏掉了一些原本存在的财产未做赔偿，如遗漏树木款、机井和电力设施的使用费、丢失的财产损失等。然而，由于相关证据的缺乏，不能充分地证明他所要求的财产的损失状况，故而其诉讼请求基本上未得到法院的支持。2002 年，他又一次去上访。[①] 这次上访对案件并没有产生实质性影响。在上访期间，李某认识了很多"上访户"，发现很多上访诉求都得不到有效的解决。

---

① 从李某处收集到的文本资料发现，有多份标题为"情况反映""举报信"的材料落款时间是 2002 年 4 月 11 日。应为李某此次上访时向领导反映的材料。

2002 年间，李某又先后进行了起诉和上诉，均被法院驳回。2002 年底的败诉成为李某放弃诉讼的节点，之后李某虽还在间断性地申诉，但却已经"不用劲儿"了。后来，李某开办了修理门市，逐渐不再以告状为主业。

10 年之后，2012 年，镇政府不要、而李某又"背不走"的机井，因属于政府征地的范围内，李某最终获得了 11 万元的赔偿，至此，李某总共获取的赔偿款为 28 万余元。

（二）法律制度与相关背景

1. 相关法律规定

为方便分析案情考虑，这里有必要介绍一下李某案所涉及的相关法律规定。根据当时正在实施的《中华人民共和国经济合同法》和最高人民法院关于《农村承包合同纠纷案件的审理的解释》的规定：农村承包合同的变更、解除，应当有两种方式：其一是当事人协商一致变更或解除合同；其二是通过审判程序变更或解除合同。当事人一方不能擅自变更或解除合同。当事人依合同约定或法律规定的变更或解除合同的条件取得变更或解除权时，应当及时将变更或解除合同的意见通知对方，如果对方表示同意，则是双方协商一致变更或解除了合同；如果对方表示异议，则变更或解除不发生效力，有变更或解除权的当事人应当向法院起诉，请求通过审判程序变更或解除合同。也就是说，变更、解除权只是一种请求权，而不是行使权。当事人不能以约定或法定解除合同的条件，而单方面变更或解除合同。因为农村承包合同变更或解除后，涉及农村承包经营财产流转问题，情况比较复杂，所以不能通过单方面通知变更或解除的方式，就承认变更或解除的效力。

从中可以看出，镇政府单方撕毁合同，并强制性占领农场的行为在法律上显然是不具有合法性的。

2. 企业与政府的依附关系

1993 年，李某与镇政府因农场问题产生的纠纷所折射的深层次问题是转型期政府与组织的关系问题。1992 年 10 月，党的"十四大"报告正式提出，我国经济体制改革的目标是建立社会主义市场经济体制，中国经济开始从计划经济逐渐转向市场经济。"中国从计划经济体制向市场经济体制的转型，实质上意味着从以抽象整体利益为主的单位组织转向以具体个人利益为导向的契约组织的运动过程。"[1]

经济制度的转向并不是一蹴而就的，政府与企业或组织的关系亦是如此。多名学者在研究 20 世纪 90 年代组织与政府、官员与经济精英的关系时，提出了"庇护"[2]、"共生的依附主义"、"恩赐—依附"关系[3] 的观点。也就是说，在经济转型的过程中，企业与政府依然保持着依附与被依附的关系。这是由于政府权力的保留、市场的不完全等所造成的，其中政府权力对经济的干预是根本的影响因素。[4]

从镇政府的角度看，农场与其的关系显然是依附性的，镇政府认为既然有权委派李某当农场场长，并决定发包给他，则亦应有权解除其承包权，故而镇政府强占农场是受政府对组织具有完全的控制权的意识影响的。而

---

①　曹锦清、陈中亚：《走出"理想"城堡——中国"单位"现象研究》，海天出版社 1997 年版。

②　周雪光：《西方社会学关于中国组织与制度变迁研究状况述评》，《社会学研究》1999年第 4 期，第 28—45 页。

③　Wank，David. Commodifying Communism: Business，Trust，and Politics in a Chinese City，Cambridge: Cambridge University Press，1999.

④　张华：《连接纽带抑或依附工具：转型时期中国行业协会研究文献评述》，《社会》2015年第 3 期，第 221—240 页。

另一方面，从经营者的角度来看，依据市场化思维，则需要追求经营的独立性。在旧体制与新体制交替之时，由此而产生的纠纷既是因原被告双方界定关系的不一致而产生的，亦是因体制转型影响而形成的。

二、李某应对纠纷的策略选择与行动方式

如前所述，李某与镇政府的纠纷可分为前后两个阶段，第一个阶段从1993年8月李某上诉到1997年初，此阶段法院依据相关证据与法律，对李某在农场的财产损失分项做出处理，裁定镇政府赔偿，共计17万余元。第二个阶段从1997年末镇政府提出申诉，到2002年李某在实质上放弃，法院多以驳回李某的诉讼请求而告终，并未获得赔偿。这里主要叙述李某在纠纷应对中的策略选择和行动方式方面的问题。

（一）策略选择：两条腿走路

1. 两条腿走路

策略指人们为达到某种目的而采取的具体行动，策略未必是在行动前就精心策划好的，很多行动都未经过策划，只是根据情况而自然而然地如此行为。[1] 在镇政府强行占领农场，并未对李某的新增财产做出处理后，李某就把金镇镇政府告上了法庭。但是还未待区法院审理开庭，李某就带领农场职工，奔赴市委，进行了一次小规模的集体上访活动。这实则反映了李某同时选择了两种解决纠纷的道路，既上诉又上访的"两条腿走路"的策略。那么为什么他会做出如此选择呢？

---

① ［美］威廉·W·威尔莫特、乔伊斯·L·霍克：《人际冲突》，曾敏昊、刘宇耘译，上海社会科学院出版社2011年版，第138页。

李某说："我的这帮职工一弄乱套了，鸡也不喂，猪也不喂，我还有奶牛呢，这一下损失多大啊。你不给我清点财产，只是把我和职工请出来了，你说到时候我的财产丢了找谁。我光找法院不行，光找法院程序太慢。我就说来不及了，还是要走上访的路，这样市委就能催着河东区法院赶紧审理。赶紧清点财产。

打官司光从法律这条线上走，那家伙，拖都拖死你了。我不是打了个比方，杨乃武和小白菜，你两家（区法院和区政府）争起来了，我在当间没人管我了。我受不了，所以我去上访。"①

李某选择既上访又上诉的方式，是根据当时的情况而因时制宜的结果，由于牲畜无人喂养面临死亡，财产不清理则容易丢失，这些都是李某认为迫切需要解决的问题，而移交法院解决冲突虽具有完全的正当性，但法律的诉讼程序无疑会拖慢问题解决的进程，所谓"远水不救近火"，致使财产受到损失是李某不愿看到的。故而李某选择了在当时他认为"恰当的"解决方式，即上诉加上访的方式。然而这只是表面的原因，深层次的原因牵扯到李某对法律和法院的看法，以及他对法院系统与政府关系的整体认知。就如同他说的，他认为同级法院与政府之间是隶属关系，加上法律所具有的弹性，故而他需要借助上层行政的干涉为法官施压。

"咱国家的法律不像美国的法律，是几年就是几年。他给法官的权力，轻伤1—3年。他向着你就判你1年，向着那边就判你3年，都不违法。中国的法律弹性太大。法律他还不懂，法制也不健全。也加上很多人在那里胡闹。法律受人为因素的影响还是很大的。官大一级压死人，行政的干

---

① 访谈时间为2016年7月13日。

预太厉害。"①

李某认为法律弹性太大，并受政府行政与上级官员的影响。从这个角度上分析，他并不"敬畏"法律，他不认为法律可以不受外在因素的影响而纯然的具有客观公正性。他认为，法律是可以受到他者（包括行政力量、上级官员、法官）的影响而具有一定灵活性的。故而，个体需要通过一定的努力与策略去达成自己的目的。在他看来，法律虽具有权威性，但政府与法院是隶属与被隶属的关系，法律并不具有十足的客观性和独立性。基于当时的情势以及对于法律的此种认知，他所选择的策略是"执两端而允中"，通俗地讲，就是"两条腿走路"。

"有的案子可以通过法律，有的案子你就要通过上访。就我这个案子，比如说他出了判决了，迟迟不执行，那就要去上访。让他给你处理这个案子，给你执行。但是要是没出了这个判决，就是还没定性的时候，你去上访也不管用。我认为啊，如果是有了结局了，出了判决了，不管这个判决合适不合适，对你有利没利，如果都差不多了，但是他一直就不给执行，你就得上访去催这个案子。"②

到了后来，法院虽分项对李某的财产下达裁定，判令镇政府做出赔偿，但具体到落实层面却遇到了阻碍，这就引发了李某要去上访、找领导。也就是说，李某对上访还是上诉策略的选择，皆是根据当时的"形势"所选择的他认为"恰如其分"的方式。

2. 主攻方向的选择

在纠纷中，李某的"对手"，除了镇政府之外，还有一个关键人物，

---

① 访谈时间为 2016 年 7 月 13 日。

② 访谈时间为 2016 年 7 月 13 日。

即后任的农场承包人王兵。其纠纷的源头，起始于王兵与镇政府私下达成承包协议，承包李某合同还未到期的农场。而之后，由于王兵对农场的管理存在问题，致使农场大量财产丢失，李某的赔偿款迟迟得不到落实。基于纠纷产生的源头与后续问题的成因，李某的对手在事实上有两个：镇政府与王兵。那么，为何李某只是单纯告镇政府，而不告王兵呢？

"王兵是把我搞掉的，他也坏，但是最坏的还是镇长。他在最后也是受害人。王兵后来还说：'李哥，你别告镇政府了，你告我吧。'我说：'王兵，虽然你给我使了绊子，你能炼几两油？镇政府再穷，它是一级政府，它能赔我40万了，你赔不起。'你想，还是起诉镇政府对我有利呀，镇政府下的指令不让我当场长的。"③

从对象的挑选可以看出，李某在择前审思上是多方权衡与审时度势的。当面临主攻方向的选择，李某并没有单纯依据对手对自己的伤害程度，掺杂情绪方面的影响，选择与王兵、镇政府两方进行对抗。而是能够地跳出自我情感的"陷阱"，客观冷静地权衡利弊得失，从长远的、利弊的角度综合考量、全盘打算。

表2-1　李某主攻方向选择的文本表达

主攻方向	对过去纠纷成因的评价	对未来利益得失的评价
镇政府	最坏、指令不让我当场长	有能力赔偿有利
王兵	把我搞掉、出了坏、出了绊	无力赔偿、能炼几两油

如表2-1所示，如果按照访谈文本，将他的考虑维度分为两个方面，一方面是对过去纠纷成因的评价，涉及纠纷对自我利益、情感的损害程度，另一方面涉及个体对未来利益和得失的评价。从对于自我利益、情感损害的程度来说，李某认为镇政府与王兵都对其造成了损害，只不过有主次之

---

① 访谈时间为2016年7月14日。

分。但就未来的利益考虑，相较于个体，镇政府更有实力对其损失进行赔偿。前者包含了自我身份的荣辱问题，后者包含了自我利益的得失问题。李某选择了对其在利益上最为有利的对象，而放弃了只在身份荣辱上与其相关，而不具有赔偿能力的对象。从而将冲突控制在实性层面，没有因自我、情绪等因素影响其纠纷对象的选择。

（二）行动方式：威胁与合作并用

行动方式指的是当个体面对冲突时的一系列行为表现。它与策略的不同之处在于，策略更强调为达成目的的手段选择问题，而行动方式则涉及具体策略执行方式等问题。

1. 上访之术：把握火候

"我们都到市委上访了，开着手扶拖拉机赶到市委，到那里正好赶上开会。有二三十个人吧，都是厂里的职工。我到门岗，门岗不让进。汇报了有半个多小时，出来一个办公室的工作人员。他说你非要求见市委书记，不好意思，你等一等行不？我只能跟市委书记说一下，明天有个重要的大会，今天这个事不好。我说，咋不好，不好你明天会都不能开。后来出来个主任，一听咱说不跟他闹事，就是找领导反映问题的。他觉得这个人还挺懂事，不是来这儿跟咱胡闹的。我就等着，等到上午10点钟，我们就光在那坐着，咱也不跟人闹事，反映问题闹事不好。他最后把河东区区长、区委书记，凡是在家的统统喊到市委来。全都弄来以后，这个区委书记就说，那个咱们找个办公室，找个代表说吧。后来那个办公室的姓苏的工作人员还是谁说，少废话，只要李某在这里站着，你们就在这儿晒着。哎呀，那时候人多着呐。

后来市政府来个人，说把我们安排到一个大会议厅，找两三个人去里边谈谈情况。谈谈情况，就说立即处理这个事。区委把人立即接走。最后，办公室主任就和我说了，他说老李，咱给你私下谈个条件，你的事不是一天半天就能处理的，你要知道。至于你说你们的猪、狗、奶牛没人管理，我们马上跟镇政府说让他们保护起来。要不你也派几个人去。你要是处理，一时半会儿也处理不了。但是我们明天有个会呢，看你们能不能让我们正常开会。我就说该开开，我绝对不跟你们闹事。所以他们对我的印象都还挺好，咱从来不给他闹事，咱是为了解决问题，闹事就能解决了吗？"①

从李某的上访经历可以看出，李某的上访行为是严格把控"火候"的，即应星所说的"踩线不越线"的行动方式。集体上访本身就是一种"踩线"的行为，介于半合法与违法之间，因而必须很好地掌控"火候"，懂得节制，这样才能"边缘性地触响秩序的警铃，有分寸地扰乱日常的生活，以危及秩序的信号来唤醒官员们解决问题的诚意。"②李某在叙述中多次强调不闹事的原则，以避免自己的利益表达行动转化为群体性事件，危害自身安全。

李某说："他们都说：'你这个老上访户，谁一上访都叫上你。你成天去上访，却没被拘留过。'我确实没有被拘留过。"③

在上访事件中，既可以看到李某进取性和威胁性的一面，如在上访的初始阶段威胁官员明天不能开会。另一方面，他也有一些迂回性和妥协性

---

① 访谈时间为 2016 年 1 月 21 日。

② 应星：《草根动员与农民群体利益的表达机制——四个个案的比较研究》，《社会学研究》2007 年第 2 期，第 1—23 页。

③ 访谈时间为 2016 年 1 月 21 日。

的方针，当其诉求得到重视，并被政府承诺部分地解决，李某当即表态不会在第二天的会议上闹事，然后结束了上访。这表明他把握好了达成妥协和结束集体行动的适当时机。由此可以看出，李某行为方式的选择具有灵活性，符合中庸实践思维的"时中"精神，既顺应当下形势而"合乎时宜"，又能够根据目标达成情况而"随时变通"，在动机上也体现出其对自我需求与政府需求的双重关注。

受到上访影响的压力，案件得到了区政府与区法院的重视。在区法院的斡旋下，1993年，李某与镇政府达成初步的调解协议。随后的1994年、1995年直至1997年，法院频繁地下达裁定书，将李某的财产分项作出了赔偿处理（如附录1所示）。

2. 多方交涉：威胁与妥协并存

从1993年到1997年4年左右的时间里，李某奔走于区政府、区法院、镇政府等地，为催促和落实法院裁定赔偿的资金，与区长、法院院长、法官、政法委的官员、镇长等相关人士进行交涉。而这些交涉中，他的行为方式是威胁与妥协并存，体现出了其行为方式的进取性和迂回性共存。

（1）威胁

冲突中，一方采取威胁策略通常应具备两个条件：首先，威胁发出者必须有权力且有意愿实施惩罚，威胁才能够成立。其次，只有当被威胁者觉得应避免威胁所带来的消极结果时，威胁才是有效的[1]。故而，李某能够发出威胁的前提是他首先具备了能够发出威胁的条件。李某所具备的威胁条件之一来自他已成功进行了一次集体上访活动。李某及其职工所具有

---

[1] ［美］威廉·W·威尔莫特、乔伊斯·L·霍克：《人际冲突》，曾敏昊、刘宇耘译，上海社会科学院出版社2011年版，第156页。

的潜在上访风险，转化为一种资源，成为可以撬动政府妥协、给法院施加压力的潜在资本。由于区政府惧怕李某再去上访闹事，李某获得了有问题可找区长直接对话的机会。

"所以在那个时候，我问区长，能不能给我弄三五万块钱？他说咋啦，我说我现在得维护职工不乱，要不职工找我要钱，我没有钱，职工乱了套我也管不着呀。意思是我还压着这边不叫闹事。他说那你去吧。那时区委对面就是河东区法院，这个区长正给那个法院院长打电话哩，我那时候推门进来。他在电话里说，你不管咋地，你要不给李某拿 3 万，下午就到我这里来。"①

其次，由于那次上访事件带来的社会轰动效应，使李某在当地成为了小有名气的"告状专业户"，许多含冤受屈者慕名而来，使他掌握了一些其他人难以掌握的、对于政府具有负面影响的信息。也就是说，李某具有了一些可用来威胁政府官员的信息资源。信息是一种有效的资源，资源动员理论认为，资源总量的大小及其组织化程度是决定社会运动成败的关键。个体的上诉和上访行为虽不是社会运动，但是个体掌握资源的多少有时会对行动的成败产生影响。

"我那会儿是告状专业户啊，全 Z 市都出了名的，好多人都找我，好多人有些事都来找我，都来反映。他不敢去反映哩，他说李某你去反映哩。你就说你有啥事哩？俺村的支书，哪个地上的上级补助款，那是二亩，他写了个四亩。（反正你知道的缺德事挺多的）唉，我掌握得准了，他就不敢惹了。我是公开的、明了的，他们都知道我敢说。他怕我抓到他的缺点

---

① 访谈时间为 2016 年 7 月 13 日。

错误了，公开说了，给他鸣搅（注：方言，闹腾之意）。"①

如前所述，威胁发出者必须有能力发出威胁，而此种威胁必须让被威胁者产生惧怕的心态，威胁才能够起作用。李某所掌握的许多不为人知、也怕为人知的信息，是一种强大的威慑资源，这些信息为李某增添了与官员进行博弈与协商的筹码。

"你像那个宋局长，有一天我去他屋里了，他说，你在家里不能休息休息？我说休息休息没钱花了，我说我这个事你能给我解决不？一直不给我解决，我改天了还去上访啊，我领200人、300人。他说今天我也没啥重要的事，咱就今天说吧。你厂子一共是73个人，你给我领300人？我说你别说，要是领300人我还真能领过来。我就说赵家庄盖房子的事儿你知道不，他说知道。到现在好几年了不给人家房基地，那帮人告状知道不？小孩儿该典礼（注：结婚之意）哩，三年不能典礼，没房子。弟兄俩仨跟着爹娘还住那五间屋。每一家来两个，157户，够300个吗？他说，你这个家伙（拍桌子），光做贪污工作。"②

然而，威胁就其功能而言具有两面性。既可具有建设性作用，也可具有破坏性作用。一方面，威胁既可以引起他人的注意，并澄清个体对权力平衡的看法。另一方面，也可能导致对方采取同样的行为，进而导致冲突的升级。并且一旦威胁破坏了互相信任感，则人们采取更具有破坏性手段的可能性将增大。③故而，把握适用威胁的"火候"，懂得"恰如其分"和"适可而止"就十分重要了。

---

① 访谈时间为 2016 年 7 月 13 日。

② 访谈时间为 2016 年 7 月 13 日。

③ ［美］威廉·W·威尔莫特、乔伊斯·L·霍克：《人际冲突》，曾敏昊、刘宇耘译，上海社会科学院出版社 2011 年版，第 157 页。

"你看当官的多少都跟我挺熟悉。有啥事他怕我公开说出去，掌握他那些资料。（所以你跟他们怎么能成为朋友呢？）后来他们知道我是一个直爽的人，也不是很坏的。但是你也不能惹他，不能欺负他，就是这样。其实都照顾我了。"①

（2）妥协

在此期间，李某除了采取威胁的行为方式，亦存在与镇政府妥协的行为。所谓妥协，就是让各方有得有失的调停方式，各方为达成某些目的而放弃一些重要的目标。②如1994年6月，李某与镇政府达成协议，李某自行处理机井、供电设施等，以换取镇政府对别项财产的赔偿。1996至1997年间，镇政府曾提出安抚方案，方案拟定，让李某来镇政府工作，前提是李某放弃告状。李某当时已经同意方案，并在镇政府工作了一小段时间，但之后因工作性质与自己的期待不符而中途放弃。

"他要求我咋地哩，你上班，每个月500块钱工资。我说干啥呢？他说干啥不干啥都行，只要镇长、书记见你来了报报道就中。他说你岁数大了，连同你的孩子，都弄成国家正式干部，这官司就不要再打了。那家伙，我说，那也是我的老些钱，等于是我买的呀。他说，那个是镇政府没有钱，有了钱还给你。我说那行，那给我办手续吧。结果他给我弄个啥，合同工。我说你给我说的是正式职工，现在是合同工，我就不干，我说官司该咋打就咋打吧。"③

"你（镇长）叫我每天来，每个月开500块钱的支，那司机在那打牌，

---

① 访谈时间为2016年7月13日。

② ［美］威廉·W·威尔莫特、乔伊斯·L·霍克：《人际冲突》，曾敏昊、刘宇耘译，上海社会科学院出版社2011年版，第164页。

③ 访谈时间为2016年7月13日。

你叫我去打牌去。只要镇长、书记见了我来，就给我记上工了。我来了一个礼拜了，啥事也没有，我也不工作。你的目的是曹操的心，是想把我拴住不叫我去告状。我说明天我不来了。"①

总之，在最初的4年时间里，李某奔走于法院、政府多地进行交涉。策略是既进行诉讼又进行上访的"两条腿走路"。可以说，他所进行的实践并非狭义上的法律实践，而是一种泛化法律的实践。这与李某所持有的特定法律意识有关。此外，在行为方式上，对上访行为严格把控火候，既进取又迂回，进退有据。对待相关官员，威胁与妥协兼而用之，"以此之过，济彼不及"。威胁之术虽颇具效用，但有不足之处，李某的运用方式体现出了适可而止、不使其过激的原则。其妥协之术也是依据形势所进行的选择，但行为方式所反映的也是合作与进攻兼而有之的状态。以上均体现出了一种"中"的精神。由此看出，李某应对冲突的策略和方式符合中庸实践思维的一些基本特征。

三、李某的人际沟通方式与放弃诉讼的缘由

1997年8月至2002年12月是李某案件的第二个阶段。镇政府安抚李某策略失败后，以法院所出的裁定不公为由，向区人民法院提出申诉。再审后法院作出判决，法院认定镇政府已经赔偿完毕，无须再赔偿李某任何损失。然而，李某认为自己资产表中的很多财产并未得到应有的赔偿。故而，在接下来的5年里，李某又进行了起诉、上诉、申诉以及上访等活动。但由于缺乏证据等原因，并未改变其案件的基本结果。2002年12月，李某基本上放弃了继续主动进行行动。在此期间，除了没有再进行集体上访

---

① 访谈时间为2016年8月3日。

之外，李某依然延续了上一阶段的策略方式。前文的叙述分析着重于个体层面的策略选择和行为方式问题，此处则侧重于从人际层面入手，探讨李某如何与法院、政法委、镇政府等相关工作人员进行互动的问题，以及李某之后放弃打官司的缘由。

（一）人际沟通策略：自我节制与针锋相对

考察个体应对冲突的方式，如果只单纯研究一个人，是无法理解影响冲突进程的动态因素的。冲突最后如何发展，取决于两人或多人之间的互动。故而，对冲突的研究须从个体层面转移至人际关系层面，将冲突中个体的行为方式看成互动的结果，而不是个人性格的作用。[1]

1. 自我节制

冲突螺旋模型（conflict spiral model）认为，冲突的升级源于行为和回应的一种恶性循环。也就是说，冲突一方具有争议的行动推动了另一方做出类似的报复或防御性反应，这种回应进一步唤起了冲突一方容易引起争议的行为，完成了一个循环，并开始下一轮重复。[2]故而，为防止冲突扩大化，在冲突中，对他者保持行为上的克制是十分必要的。

自我节制有利于避免冲突的激化，也有利于维持人际关系的和谐。在李某与有关官员的互动中也体现出了这种自我节制的精神。2002年，由于长期打官司而资金紧张，李某为了免交一次巨额的诉讼费，寻求了法院院

---

[1]　Knapp，M L，L L Putnam，L J Davis．"Measuring Interpersonal Conflict in Organizations: Where Do We Go from Here?"，*Management Communication Quarterly: An International Journal*，vol.3，1988，pp.414–429.

[2]　［美］狄恩·普鲁特、金盛熙：《社会冲突》，王凡妹译，人民邮电出版社2013年版，第118页。

长的帮助。① 以下是李某叙述的他与法院院长的互动经历，从中可以窥见一些他的行事风格。

"找夏宇（市中级人民法院院长）找了得有半个月，见到人了，都是忙着有事。咱也懂这个，人家是院长，也不是光管咱这个事。有一次见到他了，他说'你等会儿吧'，等了一会儿，人家出来急着走哩。他说不行，没空管你这事儿，这又白待了一天。后来他走了，我想中午他总要回来吃饭的，我就在门口等着，我就拿个馍在那儿吃点儿，还是没等来。第二天，我又去了。他一上班我就卡住他了，他说：'不行，今天我去开会了。'我说：'你这样吧，你看明天你怎么样？'他说：'明天我在市里开会哩，你要没事儿后天来看看。'他下面说了一句话让我挺感动，他说：'哎呀，我也不知道我成天做啥呢。'我感动在哪儿呢？当官的不容易，可以说不像监狱里限制人身自由，但是他的工作岗位不由他，都是由秘书、办公室里安排去哪儿开会。他说'我也不知道去哪呢'，就意味着，人家说的话是真心话。

等了好几次，最后夏宇知道我是真心，确实下了功夫了。最后通知我夜里9点到他办公室。我说：'夏院长，冬天9点你接见我，你不害怕我捅了你？'他说：'老李，就是白天，我不调查清楚你这个人我能接见你吗？我了解你这个案子的情况，也了解你这个人，看你在这儿好几天了，我不能不接见你。'我说：'夏院长，首先咱们只要不死，别说你是当官的，咱们俩交个朋友。你不给我处理事我也（感激），说明你能够文明对待一个人。'后来，我的诉讼费免了，那是他的批示。后来人家调到高院，还

---

① 当时法院规定，对于当事人经济有困难的，法院院长同意则可相应减免相关费用。

给我专门打电话，说我调走了，有空来看我来哦。后来我专门去高院看他。"①

　　李某多次去找法院院长，均因院长有事忙而未果。根据挫折攻击理论，当人的一个动机、行为遭到挫折后，容易引发攻击和侵犯性反应。然而，李某并未对院长产生不满或愤怒的情绪。反而对院长的工作繁忙表示理解，并产生了共情，认为"当官的不容易"，并相信"人家说的话是真心话"。李某对于自己行动的节制是建立在对对方共情式理解之上的，事实上，李某进行了认知重评（reappraisal）。认知重评类似于庄子所谓的"以理化情"，即将可能引起情绪反应的情境进行认知再评，关注情境信息中的中性方面，以作为情绪刺激的补充评估，从而有效地减弱情境刺激诱发的负向情绪。②

　　院长最终接见了李某，并对他表示了充分的信任，这也是基于李某在等待过程中所表现出的坚忍克制，以及对之的事先调查基础之上的。最终李某和院长形成了一种和谐的人际关系，李某也达成了免交诉讼费的目的。

　　具有工具理性的个体，追求以最少代价实现最大的利益。在冲突中，往往一方最大利益的达成意味着另一方利益的受损。中庸理性则讲求节制，不只想到自己，还要顾及他人，有体谅和考虑周全之意。③中庸思维可以透过对自我与外在情境的审查，对他人感受的体悟，以及对自我行为的拿捏，使个体灵活地在不同情境中，表现出不同的行为、面貌。④自我节制

---

　　①　访谈时间为 2016 年 1 月 18 日。

　　②　黄敏儿、唐淬琦、易晓敏等：《中庸致和：情绪调节灵活性的作用》，杨宜音主编《中国社会心理学评论（第 8 辑）》，社会科学文献出版社 2014 年版，第 93—94 页。

　　③　张德胜、金耀基、陈海文等：《论中庸理性：工具理性、价值理性和沟通理性之外》，《社会学研究》2001 年第 2 期，第 33—48 页。

　　④　吴佳辉：《中庸让我们生活的更好：中庸思维对生活满意度之影响》，（香港）《华人心理学报》2006 年第 7 期，第 163—176 页。

意味着不只考虑实现自己的利益，还要体谅他人，行为举止考虑周全。这样才能使得对方以同样的方式回应，以退为进，是为螺旋模型的反方向运用，"投之以木桃，报之以琼瑶，匪报也，永以为好也"。

"我给你说呀，这个人际关系，我沾了很多光。所以人哪，你对他好，他才能对你好。还有就是，你不舍就不能得。有时候就跟钓鱼似的，鱼食吧，值一分钱，有可能还钓一个大鱼值十块钱。如果你一分钱的鱼食都不舍，你就钓不上大鱼。有时候你给法官送礼，也不能办成事。但是如果你跟他有那个情分，再有说话有那个心眼，你有诚意，他敢给你办事。"[①]

自我节制有时也意味着在适当的时候舍弃自己的利益，成全他人的利益。在人情社会中，自我节制有益于使个体与他人之间形成互惠和谐的关系。"不舍不能得""你对他好，他才能对你好"，其过程的委婉和迂回，可能使个体获得的利益比所期待的更多。自我节制是具有"人情味"的，因而其所形成的人际关系绝非简单的工具性关系，而是夹杂了情感的混合性关系。有意思的是，李某以自我节制为原则，在讲求形式理性和追求情感无涉的司法场域运用"人情"的力量，并在一定意义上获得了成功。这实则体现出了中国"情理"社会的本质。在这种社会中，个体（法官、当事人、律师）在行事时总是力图在情理与法律之间找到一条平衡的中间路线。[②]这也是一种符合中庸理念的实践思维方式。

2. 针锋相对

所谓的针锋相对，指的是与另一方的行为保持一致，另一方合作时给

---

① 访谈时间为 2016 年 1 月 21 日。

② 翟学伟：《人情、面子与权力的再生产——情理社会中的社会交换方式》，《社会学研究》2004 年第 5 期，第 48—57 页。

予奖励，另一方不合作时给予惩罚。针锋相对意在树立冲突一方的坚定形象。[1]《易经》有云，"一阴一阳之谓道""不可执一而定象"，体现出了"中"的两面性和灵活性。自我节制反映出了个体对他人需求的体谅与关注，而针锋相对则体现出了个体对自我需求的追求。二者就性质而言是对立的。然而对于李某而言，则是兼而用之的两种沟通方式，是依据情况不同而随时变通的。

"林伟（区法院法官）给我下了个判决，写得啥哩？'因天长日久、日晒雨淋，无法评估。'但是他那个判决不敢给我，那天拿出那个送达手续叫我签字，我也没注意。他就那样等于走过场呢，收到判决了，一超过15天不能上诉了。这不是等于不叫我上诉了？我去找院长了，宋院长把林伟叫到这儿了。他拿那个卷，让院长看，这不是签字了，已经超过了15天上诉期了。宋院长在那坐着哩，我对着他坐着，我一手拿这个笔，一下就把判决给划了。（划了，为啥？）为啥，他欺骗了我，是我的字，但是你给我说明问题了吗，我又没有收到判决。宋院长也说我了，叫那个林伟回去，不当着他的面，'李某，你弄得是啥事？这在我院长屋里啊，这家伙，毁了这个，你知道你要受啥处分吗？'我说：'我知道，但是我要不在这个屋里我还见不到这个卷哩，我不把它毁了？'他不吭了：'你先回去吧。慢慢看看咋处理。'我说：'你愿咋处理就咋处理，反正我是告状专业户，我就连林子也告了，我这活儿更多了，我饶不了往北京跑。'（笑）（宋院长）'咱这样沾（可以）不？你把这个手续都补了，叫林子再重写一下，我给签签字，从现在起还给你上诉时间，中不？'（笑）你说啊，

---

① ［美］狄恩·普鲁特、金盛熙：《社会冲突》，王凡妹译，人民邮电出版社2013年版，第86页。

他这么大的官，他有时候还怕个人。这不是像王三利①说的，我不怕你逮捕，你愿意咋拘留我就咋拘留我，就要给你干哩。真像那个样了，他也没法儿。"②

上述例子表现出了不同于自我节制的、具有进攻性和威胁性的沟通方式。其中有两点值得注意。第一，李某表达愤怒的方式是毁卷，却并没有对对方进行人身攻击。他没有肆无忌惮地抒发激愤，也没有为求和谐而埋藏愤怒，而是具有控制性地表达愤怒。这使得冲突聚焦在"事"的层面，而没有转移到"人"的层面。对方也就不会将他所进行的攻击体验为对其个体认同或身份的攻击，这有利于避免冲突激化。第二，李某威胁院长要上告当时已不在场的法官，并没有威胁和针对院长本人，这进一步缓和了冲突的针对性。其实，在冲突的过程中，李某与院长之间的互动过程也是身份协商（identity negotiation）的过程，在身份协商的过程中，知觉者发出期待，对象协商自我的身份。李某的行为和话语方式所体现出的针对性一直指向"事件"和林伟法官，这就使得院长始终将自己在冲突中的身份定位为调和者，而非在冲突中与李某对立的另一方。总之，李某的针锋相对也是建立在自我节制的基础之上的。

针锋相对具有负面功能，故而它的实施亦要求"恰如其分"。"喜怒哀乐之未发，谓之中，发而皆中节，谓之和"（《中庸》），意思是当人在没有受到外界侵扰的时候，心中是平和自然的，其状态就是"中"。当因受到外界影响，产生情绪波动，这些情绪波动通过表情、行动、语言表现出来，是恰到好处、切合情境的，就达到了"和"的境界。这与心理学中所讲的情绪调节能力有类似之处。情绪调节的功能是要顾及情境要求和

---

① 王三利是金镇的一个上访户。

② 访谈时间为 2016 年 7 月 14 日。

个人动机，以及目标之间的平衡，促进目标的实现及内心的愉悦[①]，发展和维持社会交往[②]。针锋相对策略的实施容易引发冲突的螺旋，故而需要"中和"式的情绪调节能力"以泄其过"。

另外，针锋相对的方式也不只意味着当对方不配合时的"针尖对麦芒"式的与之冲突，也包含着当对方配合时"投桃报李"式的表扬。

"河东区法院有个叫张秋生（法官）的。张秋生跑到金镇去，执行的时候给我跑了两三趟。我弄了一个电台表扬他，还给他送了一面锦旗。（通过表扬人家感谢人家是吧？）可不，我是这样呀，是功就是功，是过就是过。后来张秋生，我也批评过他，我也跟他吵架了，跟他闹事儿了。他哪点儿做的对，我就是这个人，公开该表扬的就表扬，做的不对，就那么公开地说。"[③]

（二）放弃的缘由："差不多"与全局观

2002 年 12 月，李某对镇政府的起诉又一次被区法院驳回，李某基本放弃了对于这个案子的努力。纵观这 9 年的时间里，李某全身心地投入到了他的案子之中，从上诉到上访，耗费了大量的时间、精力和金钱。到 2002 年为止，除了还属于他所有，但却暂时不能变现的机井和高压线路，法院指令镇政府赔偿的数额还不到李某所声称数额的一半。那么，在他还未完全达成全部目标的前提下，并在其过去所投入的大量"沉没成本"的条件下，李某甘愿放弃的缘由是什么呢？

---

① Koole，S.L. "The psychology of emotion regulation: An integrative review"，*Cognition and Emotion*，vol.1，2009，pp.4–41.

② Keltner，D. "Signs of appeasement: Evidence for the distinct displays of embarrassment, amusement, and shame"，*Journal of Personality & Social Psychology*，vol.3，1995，pp.441–454.

③ 访谈时间为 2016 年 7 月 14 日。

1."差不多"原则

"刚开始我只是想，别管咋地，我的东西，我必须得要回来。我那时有个表呢，明摆着几个这个东西，几个那个东西，为什么不能按着给我？后边经过几年的磨炼啊，出了判决我就不使那么大劲儿了，不给执行就去上访啥的。"[①]

由坚持到放弃，李某经历了一个认知逐渐转换的过程。前期之所以能够长期坚持进行诉讼和上访，是由于他秉持着一个"是我的东西必须得要回来"的信念。但随着时间的流逝，诉讼历程也逐渐变得艰难，经过他者的劝说，李某的认知也开始慢慢地转变。

曾经有个邢镇长，在金镇当镇长，他给我说过这个。他说："你这个人太直正了，你要知道蒸馏水里不能养鱼，差不多就行了。你要真的认认真真地拿走你四样东西，就给你四样钱吧，不好弄成。"他劝过我好几次。后来我就说差不多就行了。[②]

"几乎算是出气了，为啥哩？镇长、书记那些人都受了处分了，被弄了下去。我经济上虽然没实现目标，但是也得到了大部分了，差不多了。"[③]

李某放弃的缘由之一是"差不多就行了"，那么何谓"差不多"？在语言学中，很多学者对"差不多"和"差一点"的语义含义进行过辨析。"差不多"和"差点儿"都是对量或程度的描述，其共同点在于，意味着相对于某一参照对象来说存在某方面的不足。"差不多"和"差点儿"的区分在于审视对象以及所涉及的心理操作不同。如果将想要达成的目标或

---

① 访谈时间为 2016 月 7 月 13 日。

② 访谈时间为 2016 月 7 月 13 日。

③ 访谈时间为 2016 月 7 月 14 日。

期待比喻成一个整体的圆，如图 2-1 所示，"差不多"关注的是面积较大的黑色部分，而"差点儿"关注的是面积较小的白色月牙部分。这就和"还剩半瓶水"与"只有半瓶水"的区分类似。前者表示一种积极的心态，后者表示一种消极的心态。但"差不多"与整体之间发生正关联的结果使认知者容易产生心理操作的惰性，而"差一点"则体现出一种努力的空间。[①]

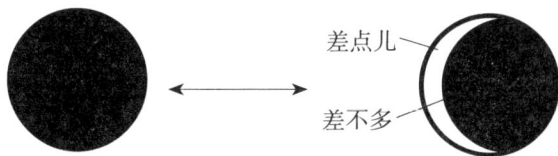

差点儿

差不多

图 2-1 "差不多"与"差点儿"

在前期，李某关注"明摆着几个这个东西，几个那个东西，为什么不能按着给我"的问题，也就意味着他将目标与所得相减，关注的是未得到的部分。而到了后期，李某的认知视域发生了转移，"差不多就行了"，意味着他将关注的重点放在了已得到的部分。"还差点儿"意味着有继续努力的空间，"差不多"则暗示着行动上的惰性，可以"不使劲儿了"。结合情境，李某的"差不多"原则在这里包含了两种意涵，其一，意味着给他人留有余地，"蒸馏水里不能养鱼"，自己不能全得，要顾及对方，这体现出"中庸"自我节制的理念，行动者不以自己是否得到最大收益为依归，要同时考虑他方的利害。其二，也意味着一种全局观，将视野抬高，关注所占成分比例最大的部分。

2. 全局性视域

2001 年至 2002 年期间，李某因官司败诉又去北京、省城上访，这次

---

① 刘宇红、谢亚军：《也谈"差不多"和"差点儿"》，《湘潭大学学报（哲学社会科学版）》2007 年第 1 期，第 120—123 页。

上访并没有为他的官司带来任何转机，但这次上访期间，他摸底了解了其他和他有同样上访和打官司经历的人，其调查结果更加坚定了他放弃的信念。

"我去北京、去省城打官司，我专门为这个打官司摸底跑过。我大概就是吧，因为我也懂一点，我看他的材料，看他啥情况，最后都认识了。我回来以后给他打电话问问，最后解决事情没有，是咋解决的。调查看这个情况，咱认为是咋解决的，看人家法院又是咋解决的，对比一下。所以我对比了，好多都达不到目的。打官司的人不好打着哩，你就不能说认认真真的。所以我后来说，放弃了吧，息诉吧，不和他打了。"①

李某得出"官司不好打"的论断是基于他对诸多个体信息进行的有意识的、逻辑性的整合和加工而来的。这种信息加工方式区别于启发式的、基于感性的信息加工。这种信息加工方式以及由此所形成的推断所体现的是一种全局性的认知视域。李某寻求了遍布在全国、全省的诸多他者的样本，并进一步获知后续法院的处理结果，从而认知到了从全局上讲，"好多都达不到目的"。这意味着他已经跳离了自我浸入式的认知的"陷阱"，运用了一种自我拉远观点（self-distanced perspective），理性地去分析"打官司"这件事。既然从全局上来讲，"好多都达不到目的"，故而自己达成目的的概率也是很小的，而这种推断是具有稳定性的。

从李某与相关官员的人际互动中，我们发现，其互动策略是"自我节制"与"针锋相对"兼具，随着情境不同而随时变通的。自我节制反映出了个体对他者需求的体谅与关注，通过"自我节制"，李某取得了官员的信任，维持了人际关系的和谐，并达成了自己的目的。"针锋相对"策略体现出

---

① 访谈时间为 2016 月 7 月 13 日。

李某对自我需求的追求，其"恰到好处"的运用，亦有利于目的的达成。在还未完全达成目标时，李某最终选择放弃继续进行诉讼。这是由于他认为已经"差不多"了，其将认知的侧重点放在了已得到的部分，体现了"中庸"思维自我节制的理念。同时，基于一种全局性的信息加工方式，李某推断出其达成预期的概率很小，亦是其放弃的原因之一。由此言之，无论是李某人际沟通的方式，还是放弃的原因，都体现出一种对中庸思维的运用。

四、小结

通过叙述和分析李某9年诉讼的策略选择、行为方式与人际互动等，笔者实则是想要展现出一种个体化、具身化的实践思维方式。实践思维，即个体在处理日常生活事件的经历中所体现出的如何思考、如何行动、产生怎样的价值，以及有着怎样的动机和情感体验等。它存在于行为中，表现在身体上，蕴蓄在体验里。法律意识本身是一种基于某种文化图式的实践思维，它不是将法律单纯看成个体的主观态度的问题，而是在个体与法律进行碰撞时，展现在其行动中、反映在其语言上、蕴藏在其思考里的一种关于法律的思维方式。

从李某9年的诉讼经历表现出的策略选择、行为方式、人际沟通方式等方面，可以看出他所具有的中庸实践思维特性。其包含了在行为上"因时制宜"的权宜性，在动机和行为上"恰如其分"的节制性，以及在认知上"多方权衡"的全局性。

"因时制宜"的权宜性实则体现出中庸思想"时中"的精神，即儒家所言的"与时屈伸"。个体为适应变化了的情况，在不同的时间段采取不同的、甚至前后对立的对策，其所体现出的是一种历时性的"执两用中"之法。李某在策略选择上的"两条腿走路"，上访与上诉依形势不同而随时变通。在行为方式上，威胁与妥协切合情境的交替并用，以及自我节制与针锋相对在人际互动中的并行不悖。从中可以看到，原本性质对立的两种取向，在具有中庸实践思维者的实践中得到了统一，二者互相补充，灵活变易，从更长的时间和过程来看，也是在用"中"。

庞朴曾将中庸思维分为四种常见的形式：A 而 B 的形式、亦 A 亦 B 的形式、A 而非 A'的形式、非 A 非 B 的形式。中庸的最基本形式是 A 而 B 的形式，如"宽而栗，柔而立"，就是把对立的两端直接结合起来，以此之长，补彼所短，以追求最佳的"中"的状态。而亦 A 亦 B 的形式是 A 而 B 的形式在时间和空间上的展开。"与时屈伸，柔从若蒲苇，非慑怯也；刚强猛毅，靡所不信（伸），非骄暴也：义以应变，知当曲直故也"（《荀子·不苟》）。亦 A 亦 B 的形式是依据不同时期的具体情况或柔或刚，并可以流于一偏的。[①] 因时制宜的权宜性就是一种亦 A 亦 B 形式，讲求"时中"精神。

依据情境而采取的具有偏至性的策略，但并不意味着毫无节制。"恰如其分"的节制性正是强调这一点，它意味着个体在动机上不以自己的利益最大化为依归，也同时考虑他方的利害，正因如此，其在行为方式上也是合乎分寸的。李某在人际互动中的采取自我节制的方式，为他人留有余地的"差不多"原则，在上访过程中的控制火候，以及采取具有攻击性的威胁与针锋相对策略时所体现出的分寸感，其贯穿以上认知、行为、动机的始终的是一种节制的心态。

可以看出，任何一种独立策略的使用都是不完善的，都有不足之处和过激之处。尤其是譬如威胁、上访、针锋相对等方式，其负面功能尤甚。李某以一种合乎分寸、具有节制性的行为方式，在一定程度上预防了其策

---

① 庞朴：《"中庸"平议》，《中国社会科学》1980 年第 1 期，第 75—100 页。

略容易产生的负面功能。"恰如其分"的节制性实则体现了中庸思维的另一种形式——A 而非 A'的形式。这种形式强调泄 A 之过，勿使 A 走向极端。适可而止的威胁，恰如其分的针锋相对，就体现了这种形式。除此之外，在认知方式上，中庸思维具有一种全局性的视域。无论是李某"两条腿走路"所体现出的对法律的工具性认知，还是主攻对象作出选择时的多方权衡与利弊盘算，亦或是对打官司概览式的摸底调查，均体现出了这种认知的全局性。

需要说明的是，中庸思维在应对纠纷方面的种种特征体现出的是一种对于法律的工具性利用，而法律的工具主义观念对于法治理念在很多方面具有破坏作用。李某虽然主动利用自己对于法律的理解以及行动达成了一部分目的，但在过程中则展现出对于法律程序与法治精神一定程度的违背。

第三章 反中庸思维与纠纷应对方式
——以徐某与电厂的劳动纠纷为例

事实总是事实，真理只有一条。

贪赃必然枉法，枉法必然贪赃。

——徐某

一、徐某与电厂的劳动纠纷始末

（一）案情概况

1. 案件的起因

本案是一个劳动争议纠纷，原告叫徐某，原金镇电厂职工。20 年前，徐某因被电厂除名而与电厂发生了劳动纠纷。徐某认为电厂的除名不合法，应予以解除。随后就一直起诉、上诉、申诉等，要求电厂撤销除名、赔偿损失，并恢复厂籍等。由于法院始终未能完全支持其诉讼请求，徐某就一直坚持进行诉讼，并持续至今。

对于该案的起因与经过，徐某和电厂说法不一。据徐某所言，纠纷的起因是由于1992年他向厂长反映他的直属领导非法在厂中种植罂粟的问题，而屡次遭到领导的打击报复，被人殴打并扣发奖金、工资等。在不到两年的时间里，电厂给予了徐某五个行政处分。徐某屡次向厂领导反映，但越反映越坏，引起领导的反感。1995年9月，省电力局领导来电厂验收"双达标"工作，徐某意图向省局领导反映情况，与电厂的三名干部发生冲突，并遭到殴打。12月，徐某被劳教。1996年1月，徐某妻子请求劳教复议，之后，相关部门以证据与事实不相符为由撤销了劳教决定书。徐某被无罪释放以后，厂方不给其安排工作，不签订劳动合同。1996年1月电厂又以劳教决定书同样的事实和理由，给予了徐某留用察看两年的处分。5月，电厂以无正当理由，不上班、不请假，旷工超过61天为由，将徐某正式除名。

然而，据电厂法务代表所言，除名的原因与经过则并非如此。据厂方代表所言，在20世纪90年代初，徐某因为竞选绿化班班长失败，所以心生不满，不好好工作，经常无故旷工，并辱骂领导。由于他屡次旷工，其奖金、工资被扣。后来，他又因为经常旷工、不好好工作，且存在打架等很多问题，被公安机关劳教。当他劳教解除被释放之后，电厂多次派人通知徐某上班，徐某不听劝说，想讨个说法，不去上班。后来旷工超过61天，电厂做出了对徐某除名的决定。

2. 诉讼经历

从1996年8月徐某起诉电厂至今，其诉讼经历可划分为3个阶段。1996年至2008年为第一阶段，在此期间，徐某一直在进行着法律流程，从起诉，到上诉，再到申诉，均被法院驳回。法院认定徐某连续旷工超过法定期限，电厂对其除名合乎法定程序。2002年，省高级人民法院接受了徐某再次提起的申诉，但不知何种原因一拖 6 年没有音讯。此为徐某案的第一阶段，徐某屡次以败诉终结。

2008 至 2013 年是徐某案的第二阶段。2008 年，此案迎来了转折点。省高院下达了指令市中级人民法院再审的裁定。同年，市中院以事实不清、证据不足为原因，撤销了二审的判决，指令区人民法院重审。2009 年，区法院以"被告未按照规定向原告下达上班通知，除名不符合法律规定"的理由，作出了"撤销除名决定；发放待岗期间生活费；驳回其他诉请"的 7 号判决。之后，厂方由于不服重审判决，进行上诉而后申诉，但法院维持了原判。2012 年，徐某又一次提起申诉。2013 年 10 月，市中院作出再审判决，判决理由和内容与 7 号判决大致相同，只是进一步量化了在岗期间生活费的数额为 81088 元，驳回了他的其他诉讼请求。徐某最终获得了 8 万多元的赔偿。这一阶段徐某一直是胜诉的。

2013 年至今为案件的第三阶段。37 号判决虽然撤销了厂方的除名决定，并以在岗期间的生活费的名义，给了徐某一定的赔偿。但徐某对此并不满足。他认为撤销除名决定，就意味着他应该享受职工应有的一切福利待遇，包括办理退休手续、缴纳各项社会保险等。法院单纯地撤销除名决定，并没有帮他解决后续的一系列问题。所以，徐某依然坚持进行着诉讼，从起诉、上诉，到申诉，均被法院以"不属于法院的受理范围"为由驳回起诉。此一阶段，徐某又一直是败诉的。

（二）相关法律背景

此劳动争议案发生的时间是 1996 年，争议的双方一个是国有电力企业，一个是被企业除名的职工。在当时，可用来解决企业职工与企业之间的劳动争议的法律主要有两个，其一是 1982 年颁布实施、2008 年被国务院废止的《企业职工奖惩条例》，其二是1995年1月1日起正式施行的《中华人民共和国劳动法》。其实，在徐某案件的判决中体现和运用的主要是《企业职工奖惩条例》。

1982年由国务院颁布实施的《企业职工奖惩条例》（以下简称《条例》）是以公有制经济为背景而产生的，是国有企业对职工奖惩的法律依据。《条例》关于公有制企业与劳动者之间的管理模式，实际上参照的是行政机关与公务员之间的管理模式，以行政法规的形式赋予了企业对劳动者进行处分的权力。其惩罚方式包括警告、记过、记大过、降级、降职、撤职、留用察看、开除8种方式，并可以附加罚款。虽然国有企业对其职工具有进行行政处分处罚的权力，但另一方面，法律规定了严格的程序，防止企业滥用处罚权。由于企业是归全民所有或集体所有的，职工是企业的"主人翁"，所以在对职工的奖惩上，《条例》第三条规定"企业实行奖惩制度，必须把思想政治工作同经济手段结合起来。……对违反纪律的职工，要坚持以思想教育为主、惩罚为辅的原则"。

具体到对职工的开除方面，《条例》规定，应由职工代表大会讨论决定，并向有关单位备案。换句话说，对员工的开除并非国有企业完全自主的行为。这是由于《条例》的产生是建立在孙立平所言的"总体性社会"的基础上的。在总体性社会，国家通过单位、人民公社等组织，与个体建立起两者包容合一的"吸纳型"关系，两者以"庇护—服从"为各自的行为规范。[①]这种总体性社会所进行的总体性治理通常是富有温情的。

具体到徐某的案件中，其前两个阶段的争议主要围绕着《条例》的第十八条："职工无正当理由经常旷工，经批评教育无效，连续旷工时间超

①　施芸卿：《再造城民》，社会科学文献出版社2015年版，第10页。

过 15 天，或者一年以内累计旷工时间超过 30 天的，企业有权予以除名。"在第一阶段，法院认定徐某旷工超过 61 天是事实，且除名经职工代表组长联席会议通过，符合法律程序，所以 3 次驳回了徐的诉讼请求。在第二阶段，法律上围绕着除名之前徐某是否收到上班通知而展开。法院认定，电厂作出留用察看处分，申诉期满后，电厂未按规定向徐某送达相关上班通知，作出的除名决定不符合相关程序，故予以撤销。也就是说，法院撤销除名决定的原因在于企业未按照规定履行"批评教育"的职责，履行程序不完备。

在第三阶段，关于徐某要求的办理退休手续、缴纳相关社会保险的问题，根据相关法律规定，关于与退休相关的一系列问题不属于法院受理民事案件的范围，或者不应由民事法律首先调整。《最高人民法院关于审理劳动争议案件适用法律若干问题的解释（一）》第一条规定了劳动争议的范围，没有规定退休引起的争议属于劳动争议。退休手续是由劳动社会保障部门依法予以审核、批准并予以办理，属于劳动保障部门的职权，法院无权干涉其他行政部门依法行使职权。按照现行法律规定，徐某要求补办社保手续、补缴社保费等要求也不属于劳动争议。国务院于 1999 年颁布《社会保险费强制征缴条例》第六条规定，税务机关和劳动行政部门的社会保险经办机构作为征缴机关。故而征缴机关向用人单位征缴社会保险费的行为属于典型的行政行为。用人单位如果不向征缴机关缴纳社会保险费，其所违反的是行政法上的义务，应当由征缴机关根据行政法追究用人单位相应的责任并进行强制征缴。故而，徐某以劳动争议为案由提起诉讼，要求法院强制电厂和相关机构办理相关保险和退休手续的做法是不符合相关法律规定的。

二、徐某应对纠纷的策略选择与行为方式

（一）策略选择：一条路走到底

徐某被电厂除名之后，所选择的应对方式是去法院状告电厂。由于未达到预期的目的，他一直坚持诉讼长达 20 年。除了求助于法律外，他没有采取其他解决纠纷的方式。和李某相比，可以说他解决纠纷的策略选择是单一的。那么，他为何只选择诉讼这一条路呢？

笔者问："你除了去法院，去过别的地方吗？"

徐某说："没有，党政机关咱没去过，按说这个案子纪委可以管，纪委、党政机关没有插手这个事儿，一直在法院哩。咱经济困难，跑这个需要钱啊。"[1]

由于徐某 20 年来一直致力于打官司，而未进行过谋生活动。他打官司资金的来源来自于亲人少有的资助。缺乏资金作为支撑是其解释未进行上访的理由之一。除此之外，他还认为应当依照法律程序进行，逐级进行下去。去北京上访的前提是在法律程序进行完毕后而依旧未能解决问题时的不得已的选择。

"程序我走的一点也没错。我也没越级，我也不去北京。一个是去不起，一个是没有判决书，中央都给我撵回来了。我觉得越级上访也不行，那判决书要出来对咱不利，那中央不管就不行。我是一级一级，先去找省里。"[2]

从中可以看出，徐某对于法律程序是遵从的。徐某 20 年来的法律活动都是按照法律程序而进行的，是起诉、上诉、申诉循环往复的进行。这

---

[1] 访谈时间为 2016 年 6 月 25 日。

[2] 访谈时间为 2016 年 6 月 25 日。

与李某的"两条腿走路"和多方交涉的方式大不相同。另一方面，他虽然在实践策略上并没有选择去上访，但是他将终极的期待寄托在"中央"上，他认为在地方受到的冤屈，在中央总会得到洗刷和纠正。"中央"在徐某心中，不仅具有实体意义，更具有象征性意义。无论是依照法律程序进行的诉讼，还是其对"中央"的想象，其中所体现出的是其对于法律的理解问题。

"你再大不能违法呀。权力大不，权力再大也大不过法啊。⋯⋯法最大，实际上，到现在还是权大，实际上，法最大只是个名词，名义上法律大。实际上有权这就是法。电厂说我不给你执行这个案子，它就是法，它能执行法律。这就叫腐败，拿国家的法律当儿戏了。肆意践踏共产党的法律和政策，包括这个法官。"①

事实上，徐某是"敬畏法律"的。在他的眼中，法律具有神圣性和正义性，法律应具有不受外在情境的影响的客观公正性，如同他所言"法最大"，法律应该是至高无上的。然而在现实层面，20年来，他的官司却始终败多胜少，他所认为自己完全"有理"的官司并未完全得到法律的支持。法律的神圣正义性与败诉的官司之间势必在徐某心中产生认知上的不协调。他将失败的原因归结到了法律被当成了儿戏，被权力所肆意践踏。这种"信法不信人"的思维方式，实际上是将法律的应然性（法律规章）与实然性（司法组织、法律运行）分离，但是他侧重于强调法律应然性的层面，并相信应然必将战胜实然。将败诉归因为特定的法官"不公"，徐某所追求的却仍然是在现行法律制度之下，一个"公正无私"的法官所主持的更为公正的审判。

---

① 访谈时间为2016年1月14日。

徐某 20 年来持续地在法院进行诉讼，可以说他的策略选择和行为方式是比较单一和固定的，并未随着形势的不同而呈现出变化的趋势。徐某所具有的应然性的法律意识和"信法不信人"的观念，使得其策略选择不具有因时制宜的变通性，但其行为方式却具有百折不回的持续性。

（二）行动方式：诉苦

在法院调解和法庭的互动中，事件都要用某种话语进行描述，事件被分门别类贴上标签。不同建构和诠释会产生不同的表达和不同的解决方式。[①] 就当事人而言，将冲突递交给法院，意味着法律话语应在其叙述方式中占据一定的地位，其命名事件的方式、解释事件的意义以及确定事件的动机应在法律话语框架之内，或是与之接近。

在笔者与徐某的接触和访谈过程中，以及对徐某所写的大量诉讼材料的文本分析中，可以发现徐某最为浓墨重彩地叙述的是他与电厂发生纠纷的详细过程。其中包括他如何举报他人种罂粟、如何受厂方诬陷而被劳教、如何被领导打击报复而被除名等。其实，他所描述或者所建构的事实在法律意义上并非真正重要的。法律关心的是厂方除名的决定是否符合相关法律规定的问题，即关于他的旷工事实是否存在，以及厂方是否在除名之前履行了相关法律程序的问题。而这在徐某的叙述中并未得到应有的重视。从对其诉讼话语的分析角度，可以看出徐某依然沿用着一种道德的话语而非法律的话语。其对行为的解释与归因充满了一种"诉苦"的意味。这种"诉苦"的方式体现在他诉讼话语中的方方面面。

---

① ［美］萨利·安格尔·梅丽：《诉讼的话语：生活在美国社会底层人的法律意识》，郭星华译，北京大学出版社 2007 年版。

"反映班长、总务科副科长等人种植毒品的问题，就因为这个我遭到打击报复和迫害了。后来以记我迟到早退为名义扣我的奖金，我不服就找领导反映，后来越反映越坏，引起领导的反感……"

"我听说省局来人了，我就中午带了材料到电厂食堂招待所里。在电厂招待所客厅里，电厂40多名党员干部在那儿利用公款大吃大喝，一到那儿看到这个情况，我就赶紧往外走。被三个干部追到外边去，三个人把我打伤了，把我打得遍体鳞伤……"

"按理说，公安局、劳教委已经撤销了对我劳教的处理决定，就充分证明我是清白无辜的……那么，在我元月4号无罪释放后，电厂有关领导就应该主动找我谈话，并向我赔礼道歉，马上安排工作，并赔偿我无辜劳教的经济损失。"

"我去电厂要求工作，电厂领导采取不接触、不谈话的阴谋手段。连面都不见，一见就和我吵架，也不和我说正经话，也不安排工作。为什么呢，他判我3年没成，他不脸红，不羞耻？因此他开始了对我的更进一步的打击报复。"①

从以上的材料可以看出，徐某将对方如何无理、自己如何含冤被屈进行了重点性的描述，而将法律所关注的程序是否符合法律规定的问题放在了略显次要的地位。对方恶劣的态度和行径是徐某想要着重突显的内容。从法律的层面看，徐某的诉苦行为是略显无用且多余的。从语用学的角度分析，其诉苦的方式属于一种独语而非一种对话，其不符合格莱斯所提出的会话合作原则。

厂方法务说："他在法庭上也是精神激动，大声念一些没有什么用的

---

① 访谈时间为2016年1月14日。

东西，法院也不阻拦，知道他就是这样，劝也没有用。"①

金镇法官说："在庭审上，感觉他听不懂法官在说什么，声音高亢地说着他自己的那一套东西，周庭长问他什么，他说着说着又会扯到他自己的逻辑上，回答问题'驴唇不对马嘴'的。周庭长急得直问'老师傅，你听不听的懂我在问什么，用不用给你找一个翻译？'"②

既然徐某的诉苦在法律角度是缺乏效用的，那么为何要使用呢？从说话人的意图来分析其意义，寻找其叙述想在听众中产生什么反应，是理解此种叙述方式的突破口。徐某将其苦难的来源进行归因，归结到电厂对其无理的打击报复的行径上。根据维纳（B. Weiner）的归因动机理论，原因可分为三个维度：原因的部位、可控性、稳定性。原因的部位和可控性是指向自我的，是影响行动者情感反应的。对苦难进行外部归因，并突出自我对事件结果的不可控，有利于保护自尊，可以避免对自己的行为产生内疚和羞愧的情感。

另一方面，徐某的诉苦实则体现出他作为社会心理结构尚未转型的个体，依然处于大一统的传统国家相对应的状态。在大一统的传统国家形态之下，国家与个人包容合一，国家对个人的庇护和个人对国家的服从相互呼应，个体享有社会权利却缺失主体性。③诉苦作为一种叙述方式和行为方式，实则就是将自身的苦难的责任归因于外界，同时也将解除苦难的期望寄托于外部强大的国家力量之上，而作为个体的主体性力量则是缺失的。

提到诉苦，容易使人想起中华人民共和国成立初期共产党所推行的诉苦运动。当时的诉苦运动是通过诉旧社会之苦，思新社会生活之甜，以实

---

① 访谈时间为 2016 年 3 月 29 日。

② 访谈时间为 2016 年 4 月 1 日。

③ 施芸卿：《再造城民》，社会科学文献出版社 2015 年版，第 265—266 页。

现阶级建构、社会动员和国家意识生产的过程。诉苦是一种对过去事实进行重新建构的过程，是客观现实与表达性建构逐渐实现统一和弥合的过程。当时的诉苦是国家的发动，而农民敢于诉苦是因为有国家撑腰。诉苦运动、土地改革，以及后来随之所产生的个人财富与身份的剧变过程，使得中国人感受到了一种来自外部的强大力量的存在，这种力量无需个人做出实质性努力，却改变了众多个体的命运，这种外部的强大力量就是国家的力量。当时的中国人，在诉苦、翻身、斗争的过程中，形成的是一种"建立在感激和敬畏双重基础上的国家认同"。[①]

然而，改革开放以后，随着我国各项体制的变革，大一统的传统国家形态逐渐开始转型为职能分化的现代国家形态。宏观社会结构已经发生质的转变，微观的个体心理结构也应从由权力赋予权利的状态，转变为由权利而制约权力的状态。[②]所谓"明者因时而变，知者随世而制"（《盐铁论》）。但是总有一些个体的心理结构尚未发生相应的变化，而是依然秉持着大一统国家框架之下原有的心理状态，徐某的诉苦正属此列。其诉苦的行为包含了利己型的归因方式，对对方碾压式的斥责态度，对法院与国家对其负有责任的主观认定，对洗刷冤屈的热切期待，以及对个体主体性责任和行动缺失状态的选择性无视。

"这个电厂才摆置我哩，电厂才操败[③]我哩。他无非在时间上、经济上把我拖累、拖垮、拖死哩。

法院应该依法强制判决给我办理退休手续，交养老保险，交退休金。

---

① 郭于华、孙立平：《诉苦：一种农民国家观念形成的中介机制》，《中国学术》2002年第4期，第130—157页。

② 施芸卿：《再造城民》，社会科学文献出版社2015年版，第266页。

③ 操败是北方方言土语，原意具有性意涵。后被引申，意指被他人刻意欺负、摆治。

法官不懂这个吗？为啥知法犯法呀？这案子怨我啊？

　　现在，我打官司挫折大得很。不过，我相信共产党的政策和法律，早晚有一天，他这腐败分子得落网。中央现在反腐力度还很大。"①

　　总之，徐某在解决纠纷的过程中，所采取的方式是依托于单纯的法律诉讼路径。其对应然性法律的认同造成了其策略选择不具有因时制宜的变通性。此外，在行为方式上，诉苦的方式显示出的是一种主体性的缺失状态，徐某依然试图依赖于外在的具有象征意义的法律以及法律背后的国家帮助。在国家形态已然发生变化的情况下，他看待社会的方式以及行动的路径依然处于大一统国家相对应的状态，缺乏审时度势的精神。其单一性的策略选择体现出的是"只执一端"的倾向，其诉苦式的行为体现出的是一种对"时中"精神的违背。

三、徐某的人际沟通方式与坚持的理由

　　上节着重分析个体层面的策略选择和行为方式问题，此节则侧重于从人际层面描述和分析，探讨徐某如何与电厂、法官等行为主体进行互动和沟通的问题，以及徐某长时期坚持继续诉讼的缘由。

（一）人际沟通的方式：进取与辱骂

1. 反节制：只进不退

　　中庸讲求节制模态，即不只想到自己，还要顾及他人，有体谅和考虑周全之意。自我节制是一种个体的内在动机，追求的是个体内心以及人际关系相对和谐的状态。它体现在外的是一种在人际互动的行为倾向，"与

---

① 访谈时间为 2016 年 1 月 14 日。

人方便，与己方便"。自我节制有利于避免冲突的激化，也有利于维持人际关系的和谐。然而在冲突与纠纷解决中，并非每个人都具有自我节制精神。孔子曾说，"不得中行而与之，必也狂狷乎！狂者进取，狷者有所不为也"（《论语·子路》），意思是，得不到言行合乎中庸的人和他相交，那一定要交到激进的人和狷介的人，激进者一意向前，狷介者也不肯做坏事。也就是说，除了中庸者，在孔子眼中，现实生活中还有"狂者"和"狷者"两种精神气质的人，"狂者进取于善道，知进而不知退；狷者守节无为，应进而退也"（《论语注疏·卷十三》）。如若去除儒家所赋予的"狂者"和"狷者"的道德含义，"狂者"指的是知进而不知退的进取者，也就是在动机上关注自我的人。而"狷者"指的是应进而退的谦让者，也就是在动机上关注他者的人。根据双关注理论，冲突一方有两种关注点，自我关注与他方关注。可以引申到此三种人格类别中（如图3-1所示）。中庸者同时关注自我与他方需求，所采取的互动策略是问题解决策略或妥协策略。而"狂者"则较为关注自我利益，所采取的是争斗策略。"狷者"关注他者利益，采取的是让步策略。所谓的反节制，指的是在动机上不关注他者，在行事策略上只讲求进取，而不讲求妥协退让的一种人际互动取向，也就是所谓的"狂者"。

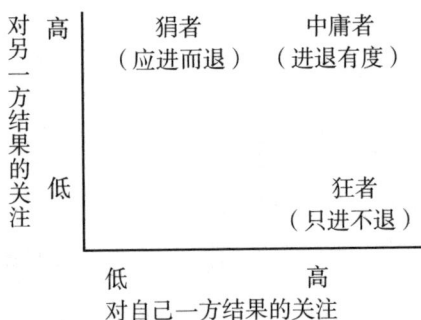

图3-1 双重关注模型的引申

徐某将电厂起诉至法院后，双方之间的直接接触和沟通便很少存在了。20 年间，双方除了在法庭上的交锋，还有一次比较难得的协商机会。这次协商发生在 2008 年，在法院的主持之下，电厂和徐某进行了一次调解，然而并未成功。从这次调解可以看出徐某当时所具有的反节制性。

厂方代表表示："当时，囿于大环境的压力，厂里决定支持法院的工作，和徐某一起参与调解。但是由于当时徐某要求入职工的社会保险，厂里去劳动局问了，得到的答复是不给办，因为他没有签过劳动合同，名单上已经没有徐某了。如果办的话也可以，要补交养老保险和滞纳金，但是滞纳金的钱高过补交保险的钱，算起来一共是 80 多万。厂里不会因为一个职工交这么多钱，这就切断了这条路的可能性。厂里还提出给徐某办理商业保险的方案，办理后一个月能给他 2000 多块钱的退休金。但是徐某认准了一定要办职工保险，他不认商业保险，所以也切断了这条路的可能。一次性买断的方案也提出过，但徐某狮子大开口，一要就是几百万，毫无合理性可言，厂子一听就中断了调解的进程。当时的调解是厂里基于大环境因素，想要有所妥协，过了这个村就没有这个店了。徐某没有把握住对于他可能最有利的时机，现在就算重新接受也时过境迁，大环境一变，厂子也不会再妥协了。"[1]

金镇法官说："2008 年有一次调解，当时厂方要给他办商业保险，徐某不同意，必须要人家给办职工保险。厂方也提出了买断的方案，徐某一张口就是两三百万。那次机会非常难得，徐某却没有把握住。"[2]

在那次协商中，电厂对徐某做出了一次让步。但是徐某要求入职工社

---

[1] 访谈时间为 2016 年 3 月 29 日。

[2] 访谈时间为 2016 年 7 月 3 日。

会保险的要求在制度上遭到了阻碍。故而厂方提出了替代性的商业保险方案，然而徐某对自己的要求十分坚持，坚决不做出让步。一次性买断的方案提出后，徐某出于害怕吃亏或者希望获得更多收益的目的，向电厂提出了较高的第一次开价。心理学研究表明，个体过高的自我参照点（谈判目标、底线），连同与之紧密相关的过高的第一次出价，容易导致谈判失败。尤其是当谈判双方权力不对等时，当弱者出价较高时，由于其价位不符合角色图式，对方会认为其富于竞争性，从而更容易导致谈判的破裂。[①] 处于弱势地位的徐某没有客观地、全局地评估自己所处的地位、当时的环境，以及双方力量的对比等因素。也没有以长远的角度来审视当时的形势，以把握机遇。在谈判过程中，过于进取性的目标，以及只进不退、不知节制的行事风格，导致了其谈判的最终破裂。

2. 反和谐：言语攻击

在人际交往中，冲突体现在语言形式和策略的选择之中。言语攻击是一种口头暴力，包括了破坏他人形象、侮辱、嘲笑、讽刺，以及污蔑。言语攻击会攻击他人的"自我意识"，[②] 能导致冲突的扩大或双方的回避，从而阻碍解决方案的产生，降低冲突双方的尊严和自尊心。当双方只有一方对另一方的严厉痛斥和辱骂，而不在一个逻辑层面上共同遵守一个规则而展开平等的协商和辩论时，和解就不可能达成。

徐某与电厂发生的纠纷起源于厂方因徐某迟到和早退而扣其奖金。之

---

① 王敏、张志学、韩玉兰：《谈判者第一次出价对谈判破裂的影响：角色的调节作用》，《心理学报》2008 年第 3 期，第 339—349 页。

② Dominic A. Infante, Charles J. Wigley III. "Verbal aggressiveness: An interpersonal model and measure", *Communication Monographs*, vol.1, 1986, pp.61–69.

后，徐某一直去找厂领导理论，由于未达成其目的，多次与厂领导发生言语冲突。依据冲突螺旋模型，冲突的升级源于冲突一方行为和冲突另一方回应的一种恶性循环。[①] 徐某与厂方的冲突在他一次又一次对厂领导的谩骂与厂方对其愈加严厉的处分中越来越激化。

徐某的妻子说："厂长没有管，这个不怪徐某找他，你是上级领导，我找你是为了给我解决问题的，这个徐某倒没有错。但是他的方法和方式不太很对的。他脾气、说话各方面这都伤害了（厂长），就这样引起的。"[②]

在除名之前的两三年时间里，徐某依次受到过5次处分，而受处分的因由多与辱骂他人有关（如表3-1所示）。

表3-1 徐某所受的5个处分一览表

序号	时间	因由	文件名	处理决定
1	1994.5.17	因开支问题，拿走全班人的工资去和厂长理论		拘留15天
2	1995.5.24	因交接班问题辱骂同事、领导，扰乱工作秩序	《关于徐某公然侮辱他人扰乱工作秩序的处理决定》	行政记过处分
3	1995.6.26	公然侮辱他人，扰乱工作秩序		警告处罚
4	1995.10.23	多次到厂里闹事、辱骂领导，9月2日污蔑、打伤同事	《劳动教养决定书》	劳教3年
5	1996.1.12	因事件2、3、4及多次在厂长办公室、办公楼道、职工医院、领导家对领导干部进行侮辱谩骂，违反劳动纪律，影响生产、工作、生活秩序，经教育不悔改	《关于徐某违法劳动纪律公然辱骂他人扰乱正常工作秩序的处理决定》	留用察看两年处分

徐某多次公然辱骂他人的沟通方式，致使他与厂方的冲突逐渐升级，最终达到了不可调和的程度。除名之后，徐某将纠纷的解决移交至法院，

[①] ［美］狄恩·普鲁特、金盛熙：《社会冲突》，王凡妹译，人民邮电出版社2013年版，第118页。

[②] 访谈时间为2016年6月25日。

历经多次败诉。笔者在法院调研期间，金镇法院又一次驳回了徐某的诉讼请求。在徐某要求上诉、金镇法庭移交案卷给中级人民法院期间，发生了一个小插曲，从中似可窥见一些徐某在冲突中与人沟通的特点。

据访谈日志记载"上午，徐某又来了，要找周庭长。说是河东区法院打电话给他，说他的材料不完整，缺一份材料，需要发回金镇法院补齐材料，还说被告电厂还没有准备好材料。他的情绪十分激动，一直要找周庭长。我告诉他周庭长出差了，下周一才回来，可以下周来。他就开始说法官腐败，肯定是一块串通好的要'操败'他，肯定是法官收了电厂的钱，一群腐败分子。金镇法庭的法官、书记员和陪审员都来试图说服他，说现在在这里待着没用，还是等到周一了就会给他解决。法官向他解释说，因为他的材料法庭还没有收到，收到了才能知道要补什么材料，到时候自会把他的材料补齐再递交，再说庭长也不在。他声音高亢地质问：'为什么材料不全，当时你们就找我要了那些，怎么会不全。是故意操败我，耽误我时间。'期间他激动地抽了两根烟。当时法院有三个工作人员曾试图劝说他，但有两个人都和他吵了起来，他痛骂法院法官都是腐败分子，故意合伙整他，在屋子里一直待着不走。事后法官对我说，徐某人格有问题，有一套自己的逻辑，讲道理是没有用的，和他根本沟通不了。"[1]

徐某由于在案卷移交上有一些问题，去找金镇法庭庭长，适逢庭长出差不在。在场的法官向他解释，徐某随即对金镇的法官与工作人员发起了言语上的攻击。徐某不仅质疑材料不全的问题，还进一步地将这种材料不全主观诠释为法庭故意合伙整他，并进一步将之归因为法官的腐败。并且，他所进行言语攻击的对象是泛化的，金镇法庭所有的法官都被他痛骂为"腐

---

[1] 该日志记于 2016 年 1 月 15 日。

败分子"。由此引发了金镇法庭工作人员的对抗性回应。

个体间的人际互动过程实际上也是个体间进行身份协商的过程。个体在人际互动中期待建立并传递自己的良好形象，构建自己所期望的身份。身份协商即是在他者期待与自我确认的双向互动中进行的。在冲突中，个体维持积极的身份或保住颜面尤为重要。冲突往往是由实际的利益分歧所引发的，但是一旦冲突中一方通过各种负面的言语行为威胁对方的身份或面子，原本"对事不对人"的冲突将发生激化。因为此种侮辱或贬低破坏了维持积极个体身份的进程，威胁到了其个体认同。当个体遭到他者的辱骂、贬低，为维持自己的形象，则会进行相应的反击，这样原本的实性冲突就转化为虚性冲突。

徐某通过谩骂以表达对法官的强烈不满，宣泄愤怒，实施谴责。其言语攻击行为体现出了一种不加抑制的愤怒状态，这种人际互动方式体现出了徐某情绪表达灵活性的缺乏。情绪表达灵活性反映了个体对自己情绪表达方面可灵活调整的容易程度。表达调节灵活性的个体在情绪表达上可以更好地依据情境的特点和要求，对人际关系的和谐和社会支持有促进作用。[①] 反之，不加抑制的情绪表达不利于维持和谐的人际关系。这种具有攻击性的行事策略违反了中庸以和为贵的原则。

（二）坚持诉讼的缘由：自以为义

从 1996 年起诉至今，徐某与电厂的官司坚持打了 20 多年。期间屡次败诉，到了 2013 年，法院才又一次判决撤销对徐某的除名决定，并由厂

---

① 黄敏儿、唐淦琦、易晓敏等：《中庸致和：情绪调节灵活性的作用》，杨宜音主编《中国社会心理学评论（第 8 辑）》，社会科学文献出版社 2014 年版，第 93—94 页。

方支付给徐某 8 万余元的在岗生活费。之后，徐某要求办理退休手续、缴纳职工社会保险，均又被法院数次驳回。然而，徐某至今依然还在坚持不间断其诉讼程序，这其中有何缘由呢？

郑[①] 问："你说你不回家赶紧好好过呗，这 20 年你啥也没干，你跟老婆孩子，该工作工作，该干活干活，养活老婆孩子呗。你一直打这个官司，你这个耗精力又耗时间，还花钱。"

徐答："（气愤地、高亢地）因为这是争取法律的尊严！我有理我为啥不打这个官司呢？咱要说个理呀，要讲三分道理呀。我就是要打这个官司，不行我就去要饭哩，我闯到天安门，闯到中南海，我看我的案子还能过不？

电厂就是这，和法官都钩挂着哩，没开庭之前就商量好了。他有钱，有钱能使鬼推磨啊。中国现在认得钱，只认钱，他不考虑真理咋回事，人们的言论也不考虑这个。我可以这么大胆地说，人没有素质，现在人缺乏教育啊。思想本质、道德品质极为败坏。"[②]

通过访谈材料可以看出，徐某总认为他在此次纠纷中是有理的、正义的一方，之所以发生冲突，是由于对方的道德品质或人格上有问题。他将自己的遭遇和败诉归因于他者（法官、对方）的不道德行为，此种结果并非自己所能控制的，是他者的责任。个体往往认为自己比别人更道德，即心理学所谓的"自以为义"（Self-Righteousness）。近期的心理实验证明，自以为义具有不对称性，比起他者，个体认为自己更不可能做出不道德的行为。[③]

---

① 郑福珺，金镇法官。

② 访谈时间为 2016 年 1 月 14 日。

③ Klein N，N Epley. "Maybe holier, but definitely less evil, than you: Bounded self-righteousness in social judgment", *Journal of Personality & Social Psychology*, vol.5, 2016, pp.660–674.

自以为义之所以具有不对称性，从动机角度上讲，是由于当威胁到自我认同的信息出现，会引发个体维护积极自我形象的心理防御机制。进而导致自我不相信威胁性信息，产生新的证据以证实自我观念，重新定义证据以支持对自己有利的结论。从认知的角度上讲，当评估自己与他人的行为时，所采用的心理视角具有内外之别。当考虑自己的行为时，人们通常采用"内部"视角，然而，当考虑他人的行为时，人们倾向于采用"外部"的预测方法。[①]这些视角上的不同导致对自己和他人的评价产生差异。

自以为义意味着有己无人，看问题只执着于己方一端之视域。由于认为自己是正义的，而法律具有神圣性和应然性，所以正义必将战胜邪恶，胜利迟早属于自己。徐某具有一种终极公正的信念，他相信终极公正的存在，寄希望于未来对不公正的改变，当前的不公正都会在未来得到纠正或补偿。正是由于具有一种公正世界的信念，相信所处的世界是公正的，才会期望未来。[②]由于具有此种信念和期待，徐某才想要一路走到底。

徐某曾说："只要我不死，我要一直打这个官司。金镇电厂赢不了，早晚胜诉还是我的，还掌握在我手里。"[③]

而单方面责备另一方，对对方缺乏共情，难以从对方的角度思考问题，可能会产生零和观点，在结果上容易导致冲突各方均采取斗争策略，进而导致冲突的升级。[④]由于当事者双方都拒绝对不利事件进行内部归因，并

---

① Gilbert D.T. "Malone P S. The correspondence bias", *Psychological bulletin*, vol.1, 1995, p.21.

② Lench H C, E S Chang. "Chang E S. Belief in an unjust world: When beliefs in a just world fail", *Journal of Personality Assessment*, vol.2, 2007, pp.126–135.

③ 访谈时间为 2016 年 1 月 14 日。

④ Rubin J Z, D G Pruitt, S H Kim, *Social conflict: Escalation, stalemate, and settlement*, Mcgraw-Hill Book Company, 1994.

自以为义，认为对方的行为不道德，作为中立者的法官的裁决不公正，这种认知既排除了与对方进行协商的可能，也排除了反思自身行为与认知方式恰当与否的可能。

温："在厂子里的时候，那个班长操败①你，想办法扣你奖金。到车间，车间主任又操败你是吧？后来厂长又操败你是不？到公安局，公安局又操败你，劳教你。后来又到法院，法院又有好多人操败你。为啥那么多人都乱操败你，这是啥问题，你回答一下？"

徐："他有钱呀，金镇电厂他贿赂呀。他可以贿赂法官啊，可以贿赂公安机关啊。"

温："他贿赂谁呀？贿赂了多少钱？"

徐："他贿赂谁？谁管着他，他就贿赂谁。多少钱他不叫我看着，行贿都是偷偷摸摸的。"

温："这是你的猜测。"

徐："不是猜测，他绝对有，法官应该依法办事，他不依法办事，那必然就是他贪赃受贿。"

温："你说这个我也不否认，可能会有这个情况。但是应该从自身也找找原因……"

郑："哎，这么多年了，你告了20多年了，你反思过自身存在的缺点吗，有没有？"

徐："自身也存在着缺点，不是没缺点。生活小节上的问题。老百姓能没错误？错误归错误，但是和案子不搅（注：无关的意思）。"②

---

① 操败为北方方言土语，原意具有性意涵。后被引申，意指被他人刻意欺负、摆治。

② 上文为2016年1月14日徐某的访谈材料，温、郑是金镇的两名法官，此为他们和徐某的对话。

总之，从徐某与相关人员的人际互动中，我们发现，其互动策略具有反节制性和反和谐性。其反节制性反映了个体对自我需求的过度关注，以及对他者需求的忽视。由于其行事方式过于进取，缺乏节制，只退不进，故导致了谈判的破裂。另一方面，由于徐某对情绪表达缺乏控制，有己无人，对他者进行失当的言语攻击，从而危害了人际关系的和谐。徐某的这种人际互动方式往往加剧了冲突，不利于冲突的解决。徐某坚持进行诉讼而不放弃不仅是由于其还未完全达成目标，更重要的是，他认为自己完全是正义的，而法律具有应然性，正义最终会是战胜非正义的。故其将错误完全归因于对方，而不会换位思考，执一端之视域。由此言之，无论是徐某人际沟通的方式，还是坚持的原因，都体现出一种对中庸实践思维的违背。

四、小结与讨论

从徐某 20 多年的诉讼经历表现出的策略、行为方式、人际沟通方式等方面，可以看出他所具有的反中庸实践思维特性。其包含了在策略选择上"一条路走到底"，不具有因时制宜的权宜性。在行为方式上，其"诉苦"的行为体现出缺乏审时度势的变通性，违背了中庸"时中"的精神。在人际互动中，其只进不退的行事风格，对他者需求缺乏应有的关注，违反了中庸自我节制的精神。而其对他者失当的言语攻击方式，破坏了人际关系的和谐，更违背了中庸实践思维"以和为贵"的处世原则。他坚持诉讼，在屡次败诉之下不言放弃，是由于他认为自己是正义的，他者是非正义的。自以为义在动机上表现为有己无人，在认知上则表现为看问题只执着于己方一端之视域。

概而言之，反中庸实践思维是对中庸实践思维的违背。中庸精神的核心特性是"执两端而允中"，相应地，反中庸思维的核心特点是"执于一端"。从徐某表现出的策略、行为方式、人际沟通方式等方面，可以看出他所具有的"执于一端"反中庸实践思维特性。其中包含了认知上"囿于一隅"的局限性，动机上"有己无人"的反节制性，以及行为上"固守成规"的僵化性。

首先，"执于一端"体现在认知上是一种 "囿于一隅"的局限性，即对于时空、社会结构的变迁缺乏考虑，采取"自我浸入"式的方式看待问题，认知格局狭隘。徐某在策略选择上的"一条路走到底"的方式，其固守"诉苦"的行为策略，以及其自以为义的观念，均体现出此种认知特性。其次，"执于一端"体现在动机上是一种"有己无人"的反节制性，即片面追求自我需求之满足，而无视他者需求，这种动机体现在行为上，就是一种做事激进、不留余地的行事作风。徐某反节制的只进不退的行事方式，忽视人际和谐而对他人不恰当的言语攻击，均体现出此种特征。最后，"执于一端"体现在行为上是一种"固守成规"的僵化性，即行为、策略选择固执不变，不能根据形势不同而灵活变通。徐某"一条路走到底"的诉讼方式，以及20多年如一日的诉苦行为，对厂领导、法官一如既往的言语攻击，皆体现出此种特性。

这种"执于一端"的反中庸思维取向与"认知闭合"阶段中的"冻结"效应有类似之处。研究表明，认知闭合有两个阶段，第一个阶段是"夺取"（seizing），即面对模糊状态时，认知闭合较高的个体意图寻找各种信息或线索，以快速对目标事物做出判断。第二个阶段即"冻结"（freezing）阶段，认知闭合较高的个体会固守自己在"夺取"阶段所形成的判断，在面对新信息时会比较"闭合"。①"执于一端"的反中庸实践思维即将自

---

① Kruglanski A W，D M Webster. "Motivated closing of the mind: "Seizing" and "freezing"，*Psychological review*，vol.2，1996，pp.263-283.

己的原有的认知、策略选择等"冻结"起来，固执不变；当面对与之相异的他者的需求、观念比较"闭合"，视而不见，以上种种实则体现出了一种具有反中庸思维特征的法律意识。

从对法律的认知角度，徐某对于法律的认知存在分离。一方面，对于抽象的法律敬畏和认同，但另一方面，对于法律运行过程，尤其是对于司法组织充满了怀疑和不信任。他的反中庸思维与这种法律认知相匹配，一方面，他在认知上坚守自己对于抽象法律的信仰，在行动上维护自己的权益而不妥协。另一方面，当法律所产生的实际效果与个体所具有的应然认知相分离产生不协调，则会使个体产生出一种激愤的态度，体现于外则是一种较为激进行为策略方式。

值得注意的是，从徐某应对纠纷的行为策略方式中，可以看出其反中庸思维体现出一种主体性缺失状态。他总在寄希望于国家抑或"青天"对于其冤屈的洗刷和对于他困境的拯救。然而，反中庸思维并不必然与个体的主体性缺失状态相关联，在现实当中，尤其是在维权领域，一些具有反中庸思维的个体也具有一种行动者的主体性。

如西安人力三轮车夫吕福山的维权案例。2000年，西安公安局交警支队以"违章进城、违章营运"暂扣了吕福山的三轮车，之后又依据西安市公安局2000年1号通知的相关规定，作出了没收吕福山三轮车的处罚决定。吕福山认为交警支队没收三轮车的行政行为违法，故而将交警支队告上法庭。之后也是进行了5年诉讼，历经两次败诉，但是吕福山坚持诉讼。在5年时间里，吕福山自学了行政法和行政管理等相关知识，能够流利背诵出和他的官司有关的法律法规条款。尽管有一些人认为吕福山必然败诉，但吕福山信心十足，他所有的自信源自《行政处罚法》等相关法律。最终，法院根据《行政处罚法》《行政诉讼法》相关规定，认为交警支队没收三轮车的处罚决定没有法律依据，应予以撤销，并要求交警队返还吕福山人力三轮车一辆。由于吕福山状告西安市公安局通告不能作为处罚依据，西安市随后出台了一个禁止三轮车载客运营的政府令，后来发现政府令也不能作为处罚依据，西安市后来又增加了人大制定相关条例。①

　　从中可以看出，吕福山应对纠纷的方式中的进取性、依理行事、不达目的誓不罢休的精神，符合反中庸思维的相关特性。但是吕福山与徐某的不同之处在于，吕福山具有一种行动的主体性，通过自己学习法律、运用法律去争取自己的权益。这与徐某不懂得如何运用法律，只是将成功寄希望于清官或中央身上有很大的不同，徐某体现出的是一种主体性缺失的状态。所以，反中庸思维的运用对于纠纷解决未必一定具有阻碍作用。具有主体性的反中庸思维者通过法律依法维权，对于监督政府依法行政，以及法治社会的形成均有积极意义。

---

　　① 郭宇宽：《吕福山：觉醒的骆驼祥子》，《南风窗》2005 年第 24 期，第 28—29 页，见：http://news.xinhuanet.com/focus/2005-05/31/content_3025200.htm 。

第四章　中庸思维与纠纷和合方式
——以一个土地合同案为例

我说你原来穿平跟鞋，现在给你买个半高跟鞋就行了吧，你穿个很高的鞋你走稳喽？慢慢来，慢慢来。

——李成

疑意以两，平两以参。

——《逸周书·常训》

- -

一、一个土地合同案的始末

（一）案情概况

西村的宋嘉与宋楚河是本家人，2003 年，宋嘉租了宋楚河在村头的一片占地为 2 亩的土地，用来建牛场养牛。双方约定宋嘉以每亩地每年 150 元的价格租地，租期到土地变更时日止。合同签订后，宋嘉在租的土地上养牛，宋楚河收取着地租，双方一直相安无事。转眼过了 10 年，中国的土地价格已然发生了翻天覆地的变化。2003 年，每亩地每年 150 元的租金在当时当地也算是正常的市值。但是到了2013年，每亩每年的地租在西村以及邻近的村庄已达到了1600元至2000元不等。宋楚河越发感受到了不公平，所以要求宋嘉涨地租。而宋嘉不同意宋楚河的请求，坚持要以合同约定好的地租支付租金，双方因此产生了纠纷。

2013年，宋楚河在协商未果的情况下起诉了宋嘉。起诉理由是宋嘉未按照协议支付租金，且未按合同规定养牛而是养羊，请求法院解除2003年签订的租地协议。2014年，河东区人民法院判决，以"双方签订合同无意定的解除的条件，也不存在合同法所规定的法定解除的条件"为由，没有支持宋楚河解除租地协议的诉请。宋楚河不服判决，2014年上诉至中级人民法院。上诉理由还是对方未按期支付土地租金，要求解除租地协议，结果又一次被市中级人民法院驳回。

2015年宋楚河又一次重新起诉宋嘉，案件转到了第二轮。这一次，他不再要求解除租地合同，而是要求变更双方签订的租地协议，上调租地价格，从原来的每亩每年150元，上调至每亩每年2000元。一审法院认为，2003年签订的租地协议的出租价格到现在确实是显失公平的，所以判决变更了租地协议的租金为每亩每年1000元。被告宋嘉不服判决，上诉至市中级人民法院，中院认为一审判决适用程序存在瑕疵，所以裁定撤销了一审判决，发回区法院重审。2016年，此案就移交到了金镇法庭，由温庭长主持重审。双方在温庭长和原告律师李成[①]的斡旋之下达成了调解协议。协议将土地租金上调到了每亩每年500元。最终这场纠纷暂时得到了解决。

---

① 李成：西庄的法律工作者，与李某一样均是当地小有名气的"土律师"，有十余年的诉讼工作经历，擅长打土地官司。

（二）相关法律背景

1. 关于合同解除的相关规定

在案件第一轮，原告要求解除合同。法律对于合同的解除具有严格的规定，合同如若是当事人真实意思的表示，且内容符合法律规定，单方不能随便解除合同。《中华人民共和国合同法》第八条规定："依法成立的合同，对当事人具有法律约束力。当事人应当按照约定履行自己的义务，不得擅自变更或者解除合同。"合同的解除有两种情况：一为约定解除，二为法定解除。本案双方对于合同的解除并未协商一致，而是原告一方要求解除合同而诉至法院。但是法定解除必须符合《合同法》规定的情形，法院才可以判决解除合同。原告诉称被告未按照规定时间缴纳土地租金，但也未提供相关证据，被告又当庭表示可以缴纳拖欠的租金。法庭认定被告并未违反《合同法》的规定构成根本违约。

2. 关于合同变更的相关规定

在案件的第二轮，原告重新起诉，以合同显失公平为由，要求变更合同，上调土地租金，此诉求是具有相关法律依据的。《中华人民共和国合同法》第五条规定："当事人应当遵循公平原则，确定各方的权利和义务。" 最高人民法院《关于适用〈中华人民共和国合同法〉若干问题的解释（二）》第二十六条规定："合同成立以后，客观情况发生了当事人在订立合同时无法预见的、非不可抗力造成的不属于商业风险的重大变化，继续履行合同对于一方当事人明显不公平或者不能实现合同目的，当事人请求人民法院变更或者解除合同的，人民法院应当根据公平原则，并结合案件的实际情况确定是否变更或者解除。"最高人民法院关于审理涉及农村土地合同纠纷案件适用法律问题的解释第十六条也规定："因承包方不收取流转价款或者向对方支付费用的约定产生纠纷，当事人协商变更无法达成一致，且继续履行又显失公平的，人民法院可以根据发生变更的客观情况，按照公平原则处理。"在第二轮的一审判决，主要依据的就是最高人民法院《关于适用〈中华人民共和国合同法〉若干问题的解释（二）》第二十六条的相关规定。法院认为社会经济环境发生巨变，客观情况发生了非当事人所能预见的根本变化，致使继续履行150元每亩的土地租金显失公平，导致一方有利、一方受损，双方当事人的利益严重失衡。

然而，最高人民法院在2009年下发的《关于正确适用〈中华人民共和国合同法〉若干问题的解释（二）服务党和国家的工作大局的通知》，又对其中的二十六条的适用做出了严格的控制，规定"各级人民法院务必正确理解、慎重适用。如果根据案件的特殊情况，确需在个案中适用的，应当由高级人民法院审核。必要时应提请最高人民法院审核"。由于一审法院在判决之后未交高级人民法院进行审核，程序履行存在瑕疵，故而此案才被市中级人民法院发回重审。

二、双方分歧调解的过程

这场关于土地合同的纠纷是一个比较简单的案件。但由于对立双方在利益与立场的分歧与不妥协，案件进行了两轮共四次的诉讼，历时四年。在诉讼的第二轮，一审法院支持了原告的要求，判令上调了土地租金。然而，由于被告律师抓住了一审法院在履行程序上的漏洞，即其未按照最高人民法院下达的通知，向高级人民法院申请审核，一审判决被中级人民法院撤销，发回重审。至此，案件似乎又回到了原点，即原告未赢而被告未输的状态。在这种情况下，金镇法庭作为此案件发回重审的法庭接手了此案，并在温庭长与原告律师李成的多次居中调解下，最终以和解告终。

　　由于双方分歧较大，调解的过程颇费周折。有 5 种方案相继被提出，调解人李成两头进行说和，相继有 4 种方案被提出又被原告或被告否决（见表 4-1）。调解的过程就是方案不断被提出，不断被否决，直至最后找出了一个双方都能接受的方案并达成和解协议的过程。在这里，我们先描述此案件的历次方案提出、调解人说和的经过以及方案被否决的因由，之后再描述与分析最后一次调解成功的过程与原因。

表 4-1　土地合同纠纷的各次调解方案概览

方案	提出人	原告意见	被告意见
上调地价	原告	地价最低要维持在河东区法院判的 1000 元的标准	地价不涨
换地	被告	不调地	可以换地，用自己的三亩、四亩地换原告二亩地
原告折价赔偿	调解人	评估建筑物造价，应付被告 2 万余元	评估建筑物造价，应付被告 7—8 万余元
重建并恢复被告建筑物	被告	原状不好恢复。人家给你弄成这样，你说是不是这样。谁来评估？	给他找个地方，把他的原物建起来。
上调地价	调解人	阶段一：提出上调到每亩地 300 元、阶段二：拒绝每亩地 600 元的提议，让步至每亩地 500 元。	阶段一：提出每亩地 800—1000 元的范围；阶段二：接受每亩地 500 元。

　　在案件发回金镇法院重审后，原告律师李成与此案件主审法官温庭长从一开始就想试图努力通过调解的方式化解双方矛盾。在调解过程中，原告首先提出了地价要维持在一审判的 1000 元的方案。其实当时法院在一审判决时将地价上调到 1000 元，而不是依据当地市场均价 2000 元的地租，也是考虑到被告，想要给被告一个"找平"，为了平衡两方而考虑。然而，被告律师找到一审法院在程序上存在的瑕疵，即法院适用此条规定需要申请高级人民法院进行审核。然而在实践中，一些基层法院很少因为一件小案子而向高级人民法院申请审核。故而，这个通知也就给被告的博弈提供了一个重要筹码。被告基于此，拒绝了原告提出上调地价为 1000 元的方案。

李成说："我说你看这一次，人家高院有文，对方就拿着'尚方宝剑'呢，你看叫一审申请高院。能，绝对能。谁去哩？没人去，是这个事不？"[1]

之后，被告提出了与原告换地的方案，被告先提出可以将自己的三亩土地给原告，以置换自己承租的两亩土地，原告不同意换地的方案。之后被告又继续加价，提出用自己的四亩地置换原告的两亩地。经过调解人多次做工作，原告依然不同意换地的方案。之所以否决此方案，是由于在农村宅基地日益紧缩的当前，原告承租给被告的土地可当宅基地用，故而具有价值稀缺性，这使得普通耕地不足以与之相匹敌。

李成说："这块地好，这块地啊，在村头，能盖住宅，能盖老百姓的房子。……过去前几年，每满18岁，只要你是本村的村民，你就可以垫宅基地。可是现在宅基地都没有了，没有其他的机动地了。"[2]

换地方案被原告否决之后，调解人李成又提出了将被告的地上建筑物进行评估折价的赔偿方案。依据合同第四条规定，"如果甲方不到土地变更时，违约不租赁给乙方此地时，甲方加倍赔偿乙方牛场建筑物一切损失"，也就是让原告按违约处理，将被告的建筑物折价赔偿给被告。双方在当时同意了此方案，之后各自找专业人士评估了被告建筑物的价值。然而，被告找人评估折价的结果是7万余元，而原告找人评估的结果却只有2万余元。由于二者评估的价格差距过大，这个方案最终也被搁浅。被告后来又提出让原告择地将牛场建筑恢复原状的方案，调解人认为不具有可操作性，因为无法衡量怎样才算是恢复原状，此方案亦被否决。

四种方案相继被否定之后，最后还是回到了由原告最初提出的上调地

---

① 访谈时间为2016年7月26日。

② 访谈时间为2016年7月26日。

价的方案，但是由于考虑到被告的因素，调解人降低了地租价格的上调幅度。原告起先就做出让步，同意将土地租金每亩调整为 800—1000 元。之后原告的律师李成作为调解人去做被告的工作，被告提出可以将租金价格上涨到每亩 300 元，经过一番讨价还价，调解人最终说服被告将价格固定在了每亩 500 元。之后调解人又说服原告同意了这个方案。经过调解人的一番穿梭式的交涉，双方最终达成了调解协议。值得注意的是，调解协议除了规定土地租金上调到每亩地为 500 元之外，还将双方 2003 年签订的土地协议规定的租期更改到 2022 年 12 月 31 日为止，这项规定对于双方而言具有不同的意涵，下文会谈到。

三、调解人"执两用中"策略的运用

（一）对两端利益的认知：全局思维

当事人将冲突提交到法院，意味着当事人想要通过第三方的干预，去寻求纠纷的解决。在法院中，纠纷的解决通常有两种形式，其一是通过审判的方式，由法官依据法律规定提出纠纷的解决方案，并强制付诸实施。其二是调解的方式，通过调解人（或是法官、律师，抑或法律工作者等）帮助梳理彼此的差异，找到一个纠纷双方都能接受的解决方法。本案即是一个通过调解人的努力而成功达成和解的案例。

人际冲突之下，由于对立双方的利益的分歧，调解人居中实施调解的角色更加突显出来。调解人在调解中要保持着不偏不倚的立场，而其调解的方式往往是中庸思维的运用。中庸思维的基本特征是"执两端而允中"，"允中"要以"执两端"为前提。如若仅执一端，是不可能看到"中"在何处，更妄言"用中"了。那么，何为"执两端"？从社会心理学的角度而言，"执两端"是一种全局思维的运用，即以客观和广博的视野认知和理解对立的两端，并认知两端所具有的区分与联系。

在对这场土地合同纠纷进行居中调解的过程中，作为调解人的李成首先做的是将纠纷的争议焦点、起因、当事人双方的意图与差距做一番详尽的了解。即以一种全局观认知对立双方的情况，进行信息收集与分析。一个好的调解人须是一位高认知需求者，能积极地投入到信息加工活动中，努力地加工处理信息，并根据所收集的信息做出有效的评估和判断。

李成说："我首先得知道他们争议的焦点在哪儿，起因在哪儿，差距在哪儿，现场是个什么状况。必须要经过一个现场的考察、考古。情况必须了解透。比如原来我接手了一个案子，我和一个派出所的警察不赖（注：关系好之意）。我首先要开上他的警车，到那去照照相，你告诉我那个地方在哪儿呢，我必须到现场看一看。那我就知道是咋回事了"[1]。

通过一番对纠纷和当事人的现场"考古"了解，李成寻找到了当事人双方隐藏在表面利益之下的潜藏利益。从纠纷的表象来看，就是原告与被告因土地租金是否上涨问题而产生的利益分歧。原告依据公平原则要求上涨租金，而被告依据契约精神拒绝上涨租金。然而向下深挖，调解人李成发现了隐藏在双方在表层利益之下的更根本的利益。[2]

李成说："原告的心理就是不公平，我感觉到太丢人了，这家伙租给你150，现在我不敢给你说？再一个，俺地价这么低，太可怜，是不？他不是说我要争个输，争个赢，他现在不是那种。他现在就是说，太不公平

---

① 访谈时间为 2016 年 7 月 26 日。

② ［美］狄恩·普鲁特、金盛熙：《社会冲突》，王凡妹译，人民邮电出版社 2013 年版，第 241 页。

了，现在地价那么低，你这个好像是欺负我似的。咱出门邻家都是3000元，你给我150，这个差了二三十倍，我为啥不给你涨啊，对不？

被告啊，他相中这块地皮了。被告家啊，我都了解清了，他小子（儿子）多，他没地方了。他相中这块地了。不是为了喂羊，一共就喂了十来只羊，还一直死。那么大的地就喂了十来只羊，你看他够本了不？……这个不是国家规定（土地）30年么？到30年，从1990年到2020年不是就应该结束了，村委会到时候一开会议，把你这个地给你（原告）收了。这儿我这个羊不走了，这还不优先我哩。他就是这个想法，（低声）我通过侧面都了解了。"①

在对双方当事人的侧面打听与当面了解之下，李成找出了隐藏在表层冲突之下的对立双方的关注焦点和利益所在。通过文本分析，我们可以用图4-1表示。可以发现，虽然在表象上看，对立双方具有完全相悖的立场，但是在表象之下的深层，原、被告双方未必是截然对立的。原告更为关心的是与他者相对比，现状上的不公平，以及由此所带来的名誉与利益受损等问题。而被告最为关注的是这块土地未来的所属权问题，他期待未来能够将这块具有"宅基地"功能的土地据为己有。故而，他需要一直保持对土地的租赁状态，以等待原告土地承包期满，村委会能够将这块土地的使用权进行变更。当然，以最小的代价租赁此块土地亦是被告关心的范围，但优先性与前两者比较为低。总之，作为调解人，只有全面而深入地认知两方的纠纷起因、差距、关注焦点与利益优先项，才可以在此基础上进行整合，找出冲突双方的利益连接点，提出整合性方案，以达成和解。

---

① 访谈时间为2016年7月26日。

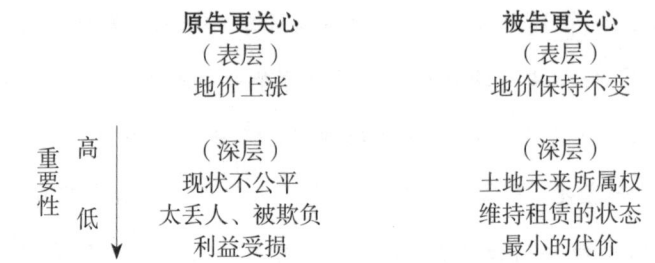

图 4-1　原、被告双方的关注焦点对比

作为调解人，只有全面而深入地认知两方的纠纷起因、差距、关注焦点与利益优先项，才可以在此基础上进行整合，找出冲突双方的利益连接点，提出整合性方案，以达成和解。能够发现当事人表层利益之下的实际利益，不光是靠调解人的询问和调查就可以做到。作为乡土社会的调解人，最好就生活在这个乡土社区之中，是社区中的一员，做到人熟、地熟、情况熟，这样才能与当地的老百姓进行比较好的沟通，才能更深入地打探到冲突表层之下的全局情况。

（二）调解的方式与策略：整合折中

调解共识并非一朝一夕能够达成的。就如同这场纠纷之中，4 种方案先后提出又被否决，通过不断地"试错"，最终找到一种恰如其分的方案。这种方案能够将矛盾的甚至对立的双方利益进行协调、整合与折中，进而使得双方重新恢复原有的平衡状态。调解的过程就是调解者运用其中庸实践思维进行整合与折中的过程。那么究竟在这场土地合同纠纷中，调解人具体是如何协调对立双方的利益，以何种方式说服双方，达成共识的呢？

1. 对损失的突显：削减进取性

Kahneman 和 Tversky（1979）提出了预期理论（prospect theory），解

释了人们在风险下做出决策的过程。预期理论中所提出的参照点（reference point）、损失规避（loss aversion）等概念，对于解释中庸实践思维者的调和折中策略具有很强的理论参照作用。

调解人劝服当事人双方接受经过折中的上调地价的方案。那么，在调解之初，就需要降低对立双方的预期目标，这是使双方接受折中方案的关键性一步。那么，中庸实践思维者如何削减矛盾双方的进取性，使双方降低原有的预期，而对于自身利益具有一种节制性呢？通过访谈文本的分析，可以发现，首先，调解者是通过凸显诉讼行为已经带来或者将要带来的损失，即利用个体对损失规避的倾向，以达成目的。心理学研究表明，一定数额的损失所引起的心理感受，其强烈程度约相当于两倍数额的获益感受。[①] 损失所带来的痛苦要比等量收益所带来的高兴大得多，所以人们总是强烈倾向于规避损失。在调解中，调解人正是利用此种倾向，其功效有时甚于利益诱导。

李成说："与被告沟通的时候，一开始我就说，你看你们这个案子打了几年了，你们双方花的军火都不少。我说该到时候，你们两个都收兵了。我说收兵就是你们两个都和解和解，折折中。如果你要继续再打，我说宋楚河（原告）绝对还得再给你打两场，是这个事不？甚至在打两场的期间，就要闹你。你租地租不好，租不安生，是不是这事儿？

我在那边给原告做工作。我说你看，你这个官司打来打去，你看有头没？我说人家高院说的，有这个通知，这不你看看，对方拿着'尚方宝剑'呢。我说你用了三四个律师了，有个还是律师主任呢，好几个都给你打了一个

---

① 刘欢、梁竹苑、李纾：《行为经济学中的损失规避》，《心理科学进展》2009 年第 4 期，第 788—794 页。

败仗。你一个穿平跟鞋的，叫你穿个半高跟鞋，行不行？往上起一起就行了，你还想咋地哩？停一下，再停几年，还能打。"①

针对被告为维护自己的利益而不想上涨租金的行为，调解人首先突显了其4年来为这场官司的花费，并暗示未来继续进行诉讼所将要承受的损失，包括了"军火"的损失，以及租地不能"安生"的损失。针对原告坚持上涨租金为1000—800元的要求，为了降低原告的预期额，调解人首先提到了不利于原告的高院的通知，以及打了几年总是输的经验教训。利用原、被告损失规避的心理，调解人意在突显双方如若继续诉讼，即将要承受的风险及损失。从而试图削减其在冲突中的进取性，降低双方的期望值。

2. 对参照点的调整：重获满足感

纠纷双方之所以坚持自己的观点而不妥协，除了基于总体利益需求的考量之外，也与他们所持有的参照点有关系。预期理论认为，人们在对得益或损失进行判断和评价时，往往都隐含着一定的评价参照标准，即所谓的"参照点"（reference point）。个体所具有的参照点潜在地决定了其将某特定结果是编码为收益还是编码为损失，进而影响其随后的决策过程。决策者在做决策时关注的是相对于参照点的改变（收益还是损失），而不是财富的绝对水平。②参照点是可以变动的，盈亏是一个相对概念，而非绝对概念。在不同的决策框架下，个体会产生出不同的参照点，决策结果相对于不同参照点便会有不同的盈亏变化，这种变化会

---

① 访谈时间为2016年7月16日。
② 何贵兵、于永菊：《决策过程中参照点效应研究述评》，《心理科学进展》2006年第3期，第408—412页。

改变人们对价值的主观感受。[①]

可以发现，原、被告对于当前地价的认知存在着不同的参照点，由于双方所选择的参照点不同，各自产生了不同的对于利益损益的认知，并对双方的行为决策产生影响。如要劝服对立双方达成折中，调解人需要对这些参照点按照需要进行适当的调整，使当事人有一个新的"坐标体系"，去重新衡量利益得失，以获得心理满足感。

李成说："他（被告）说，宋楚河租生产队地的时候，不给生产队钱，没掏啥钱，我给你150还少哩？我给他说呀，买汽车8万、10万好不好，你管人家铁从哪儿来哩？人家铁买的价格高、价格低，你管人家呢。它能造成铁板，能开，你要就要，不要就散。这个地，你能租就租，不能租就算。你管人家跟村委会弄几个钱儿。

我就对被告说，宋兄，你最多想出多少钱吧？被告说，出300元。我说你原来是300元，这会儿还是300元？被告说，原来是二亩地300元，现在是1亩地300元，这不是达到你预期了。我说，这个300元和以前的1000元的差距也太大了。我说你门儿上的（邻居）人家都3000元[②]，你这一亩地300元，十亩地才3000元，人家一亩地3000元，你这个差的也太多了，差距太大……我说这么地你好好干干，你再往上涨涨。"[③]

从调解人对于被告的劝说可以看出，调解人对于被告所持有的参照点进行了调整。被告认为，原告的土地基本上是毫无成本从村委会得来的，所以参照于原告的几乎零成本投入，他认为自己给原告每亩150元地租，

---

① 于永菊：《风险决策中的多重参照点效应研究》，浙江大学硕士论文，2006年，第13页。

② 当地土地每亩租金一般为2000元左右，调解人在此故意夸大了土地租金。

③ 访谈时间为2016年7月26日。

对于原告而言无疑还是获益的。调解人李成用"汽车与铁"隐喻，则试图将被告的参照点从聚焦于原告对于这片土地所投入的成本，转化为使其聚焦于土地本身所具有的效用与价值。当被告提出可以将地租上涨到每亩300元时，为和原告的预期拉小差距，调解人将他者的地租价格引入，作为新的参照点。其意图一方面是说明300元相较于他者而言地价之低，需要被告参照他者做出进一步的让步。另一方面，也预示着，就算被告上涨一些地租，其所付出的代价也比他者的3000元为少，参照他者的地租，被告应将上涨地租到500元编码为收益而非损失（如图4-2所示），这就使得被告获得了心理上的平衡。

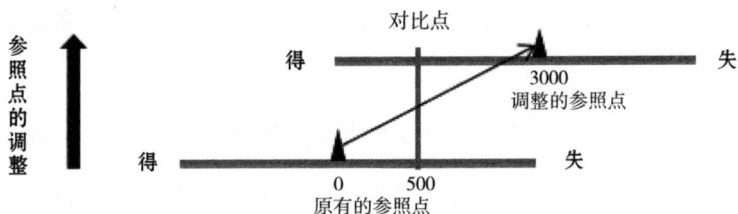

图 4-2　调解人对被告参照点的调整

李成说："我这次叫你（原告）绝对。你从一个穿平跟鞋，叫你穿个半高跟鞋，行不行？往上起一起就行了，你还想咋地哩？……我说你原来是150元，现在一亩地500元，比150元又超了四倍，你还不行哩？就这么吧。他说行行，就这么吧，就这么定了。①

但是（原告）心里有一个平衡点，就是我涨了。我赢了。对外来说，我打十年好不好，总算你给我抬了。（就是在村里边）哎（一看就是觉得有点儿长气了）哎，就是呀。"

而针对原告而言，原告之所以觉得地价太低不公平，是由于原告与他

---

① 访谈时间为 2016 年 7 月 26 日。

者进行了比较。别人租地地租每亩为 2000 元，而自己则地租只有 150 元，就算是上涨到 500 元，也较之他者过低。原告是以他者作为参照点的，故而对比自身则只有损失。调解人的劝服策略则是将原告的参照点从他者，转变为以历时的自我作为参照点。以前是"平跟鞋"，现在是"半高跟鞋"，以前是 150 元，现在是 500 元。同样是 500 元，将他者作为参照点，相较于将历时的自我作为参照点，心理感受是不同的，前者是损失，而后者是获益（如图 4-3 所示）。除此之外，原告的另一个参照点是熟人社会里的名誉与脸面，就像原告之前说的"太丢人""好像是欺负我似的"，脸面问题是原告除了利益之外较为关注的另一个参照点。在乡村熟人社会中，被告迫于压力将地价小幅度上涨，参照于之前拒绝上涨地租，所导致的原告名誉与脸面的损失，原告总算是争得了"面子"。可以说地价的上涨激活了原告的另一个重要的参照点。

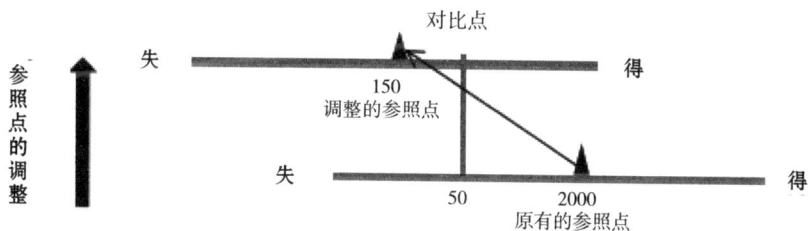

图 4-3 调解人对原告参照点的调整

3.对未来的预设：预期最终受益

从上文可以得知，双方在纠纷中的关注焦点是有差异的。虽然表面上看，二者的纠纷是围绕着地价是否上涨产生的纠葛，但深挖下去则可以看出，原告更关注的是地价不公平的问题，而被告更为关注的是这片土地未来的所有权问题。由于原、被告具有不同的利益优先项，这才使得被告能够在对自己而言优先性较低，而对对方而言优先性较高的地价问题上做出最终的退让。双方通过调解达成的协议，除了上调了地价之外，还将原协议规定的租期从原有的到土地变更时日止，更改为到2022年12月31日为止。这一变更极具意味，双方对于这一租期时限的变更具有不同的诠释和考量。

李成说："被告想的是再等几年吧，他想通过村委会到2020年30年租期，等到国家合同一到期，村委会给你一终止，我这儿羊也不走，起码我得优先啊，我不走我优先啊。

我给原告说，我考虑国家规定要继续延，到2020年这块地还是原告的，还是宋楚河的。宋楚河说了到2022年我就给你解除合同。我翅膀硬了，我现在就拿着'尚方宝剑'。这不合同不是跟原来一样，没有明确的租地时间，我这一次明确给你定了租地时间，明确和你宣战。过了六年，你走也得走，不走也得走。这么一说，宋楚河就高兴了，对不对？500就500吧，听兄弟的。……我这次给你打个突破口，是不？最大的突破口，等六年。六年以后你走不走，不走我就起诉你，法院就会依法解除，你走吧。六年之后，这块地也是我的，以后都是我的。"[1]

参照点可能是决策者的现状，也可能是决策者的期望或目标。[2]被告的最终目标是获得土地的承包权，其最主要的参照点是一种期望而非现状。将土地租期变更到2022年，对于被告而言，意味着在2020年国家的土地变更时，被告还处在租赁期范围内。由于在那时被告还实际上占用着土地，

---

① 访谈时间为2016年7月26日。

② Kahneman D，A Tversky．"Prospect theory: An analysis of decision under risk"，*Econometrica: Journal of the econometric society*，1979，pp.263-291.

被告预期在国家承包权变更时，自己会享有对这片土地的优先承包权。

而调解人对原告的说服，显示出他试图将原告的参照点也转移到对未来的期待上。只不过调解人对于未来的诠释与被告是不同的。调解人预设国家土地承包会具有延续性，这就意味着 2020 年以后的土地承包权将还会在原告手中。所以将租期更改到 2022 年，则意味着 2022 年原告即可合法地解除与被告的土地租赁关系。调解人通过这种预设激活了原告对未来的参照点，使得原告能够满意。同时又揣摩了被告的意图，以及其对政策的不同解读，最终使被告也能够接受对于租期时限的变更。两者对于未来的预设虽然截然不同，但却并不阻碍双方通过一种方案达成"和合"，虽然这种"和合"终究只是暂时的和不稳定的。

四、调解人所具有的中庸思维特性

从调解人所使用的调解策略上可以看出，调解人具有中庸实践思维的特征。这种中庸实践思维即包括一种"执其两端"的全局性的认知。也包括缩小对立双方差距，达成和解的"用中"之策。调解人作为具有中庸实践思维的调解者，与具有中庸实践思维的当事人虽然在很多方面相似，如全局性认知、恰如其分的行事风格等。但究其区别来说，前者是试图通过说服策略去将对立双方从非中庸思维转化为一种中庸状态。而后者是在解决自身困境、应对外界环境的过程中，自身所体现出的一种中庸实践思维特性。相较于后者而言，作为具有调解能力的中庸实践思维者，具备转化他者的能力、不偏不倚的立场，以及情理法知识的融通。

（一）立场之中立：不偏不倚

调解者保持中立，是纠纷双方对于调解者的一种角色期待。为扮演好调解者的角色，其行为应与他者的期待保持吻合。调解与审判在处理纠纷上有很大的不同，调解者并无权力作出决定或向双方施加解决办法。调解的达成必须建立在双方都表示同意或接受的基础上。故而，为保证纠纷双方以及调解者之间的协调与沟通，并使得双方都能接受调解方案，作为纠纷的调解者，无论是法官，还是律师、法律工作者，在调解的过程中都需要保持着中立的立场，对于纠纷的解决采取一种不偏不倚的态度。而立场的中立首先体现在调解人的劝服话语与所提出方案的无偏向性上。

李成说："我多少年来，从来没有一下偏到这边了，一下偏到那边了，从来都是折中。折中为啥？好管，还存在着公平。有的律师，还没给对方说哩，来到这儿来就光想打架。他那个说话不行，一说话一下就偏向这边了。一下就看出来了，他一说话，就能听出来他为谁说的。

根据目前的市场，根据本案的案情，他任何时候看起来都是公平的。他最多说，你看俺也没咋地，你说个这个话。他最多说个这个话。有理解的，哎，你不能给俺管管，这是理解的人、明白的人。因为咱一说，他通过咱的言语，一说之后，他那个路、思想也是想要走这个路的，他就愿意了。你说你不能给俺管管这个事？"①

除此之外，立场的中立和不偏不倚的态度还体现在与当事人的互动细节上。公正的启发理论认为，与公正有关的信息，哪个先接收到，哪个对公正感判断产生最大的影响，而后来接受到的信息在公正判断的行程中的作用要小很多。公正感受有启动效应，先前形成的一种公正或不公正的判断会影响后面的公正判断。②故而，一般调解人在与一方当事人进行接触时，

---

① 访谈时间为 2016 年 7 月 26 日。

② 龙立荣：《公正的启发理论述评》，《心理科学进展》2004 年第 3 期，第 447—454 页。

总要顾及其接触有无可能对另一方当事人产生影响，调解人不应在互动细节上使得另一方当事人产生消极的公正启动效应，从而阻碍调解的达成。

李某曾说："比如，借款的人请你吃饭，你就把另一个人也叫过来。说这个钱是该还你的，能不能照顾照顾？这不，人家请我吃饭哩。通知人家，不要背着人家。你要不公开给她说，一个是巧合，一个是真的下次再去给她说就不好说了。一旦知道，你请李师傅吃饭呢，他不向着你么？她一下子就坐实了，给你堵住劲儿了。所以调解工作呀，有些事是两边不瞒。"①

然而，还有一个问题是，协调者想要很好地说服纠纷双方接受调解方案，不仅仅只是要保持一种中立的立场。处于纠纷中的当事人还期待调解者能为自己的利益而考量。这就使得调解者在调解过程中，面临一种角色内冲突，即同一个人所"扮演"的同一个角色内部的冲突。一方面，调解者必须"中立而不倚"，另一方面，还要求调解者"到什么山上唱什么歌"。这就使得调解者须保持一种角色内的平衡状态。故而，调解者所保持的不偏不倚立场并非完全意义上的地位中立与价值无涉。

李某曾说："如果应该拘留你的，但是没有拘留你，但是你要做好思想准备。把家事安排安排，说不定啥时候拘留你了，这是对你的一种帮助。现在都是这样，人家家属来了不打你一顿？我说拘留你并不是啥坏事，为了保护你人身安全呢，咱跟这边这么说。你要叫队长给我说哩：'老李，实在不行了，那边的受害家属连我们的门都堵了。'人也有想法呀：人被撞死了，这个肇事者逍遥法外，你们也不抓人。人家不告么？所以就是正面反映，反面反映，站到谁一面，说谁的话。"②

---

① 访谈时间为 2016 年 1 月 21 日。

② 访谈时间为 2016 年 7 月 21 日。

（二）情理法之融通：双文化个体

滋贺秀三认为，相对于欧洲的法律传统和文化而言，中国传统法律文化从整体来讲表征为情、理、法的结合。所谓"情"，通常指所谓的"人情"，即对人际关系内涵和规则的遵从。而"理"则是基于生产生活经验而产生的以一定道德判断为基础的民间习惯。① 中外关于调解制度的研究都不约而同地谈及"动之以情、晓之以理、明知以法"这一调解策略，认为其"表达了数千年来解决纠纷的传统观点的实质"。调解人在调解中所做的即是将情、理、法三者通盘考虑，整合折中。就像宋人所说的："法意人情实同一体，徇人情而违法意，不可也；守法意而拂人情，亦不可也。权衡于二者之间，使上不违于法意，下不拂于人情，则通行而无弊矣"（（宋）《明公书判清明集》）。

作为一个调解人，尤其是乡村调解人，在调解纠纷双方的冲突过程中，实际上是具备两种知识的，其一是专业的法律知识，其二是所谓的地方性知识。换句话说，调解人接触并掌握了两种文化，一种是具有形式理性的法律文化，一种是以"情理"为核心的地方性知识。从某种意义而言，调解人是一个双文化个体（bicultural individuals），他们是文化的"摆渡人"，深谙两种文化规则和意义，并在两者之间整合折中并转换自如。② 调解人既要懂法律，又要通情理，只有"执其两端"，才能在乡土社会与法院两个场域中游刃有余，处理好乡土社会中复杂的民事纠纷。李成作为当地的

---

① 王汉生、王迪：《农村民间纠纷调解中的公平建构与公平逻辑》，《社会》2012 年第 2 期，第 171—198 页。

② 杨宜音：《多元混融的新型自我：全球化时代的自我构念》，杨宜音主编《中国社会心理学评论（第 9 辑）》，社会科学文献出版社 2015 年版，第 107 页。

"法律工作者""土律师",具备了此种条件。

李成说:"那种人(从学校出来的律师)打土地(官司)不熟。首先,作为一个律师或者作为一个法官来说,并不是说你懂法你就能干好活。并不是说你能判案、写判决书,你就能判一个好案,不是这样的。这就必须要有个全方位,说白了就是文武双全,一个是民间的经验,一个是法律知识丰富,首先是素质硬,法律知识丰富,就可以把事件化解了。中国的案件中有80%涉及情理。"①

而调解人之所以要"执其两端",主要是由于调解人往往需要沟通两种文化之中的个体,一种是长期浸润在日常生活中而缺乏法律知识的当事人,另一种则是受过法学专业训练的法官。而就具体的调解方式而言,和解要基于双方当事人的合意而达成,调解不仅仅是对当事人之间利益的分配,还往往对重建冲突双方的关系起重要作用。通过我们之前的分析可以看出,李成对于土地合同纠纷的调解过程实则贯穿着一种情理与法律并用的逻辑。但对调解来说,两者的作用显然是有主次之分的,情理是作为调解人首先要考虑的要素,也是解决纠纷的关键。而法律则是被作为谈判协商的砝码以及具有制约或威慑作用的工具而被运用。

李成说:"你看,咱拿这个案子说吧,中院驳回的主要原因是法理,法理在哪儿?是高院的那个文件。符合情理不?这个案子能接受不?最终的结局是情理还是法理?是情理,后边加法理。2020年就结束了,你现在再等六年,就可以依法主张你的权利。你现在能主张你的权利不?这就是情理与法理相加,我认为是这样。再等六年就举起你的拳头,那时候法理

---

① 访谈时间为2016年7月26日。

就支持你了。现在你举不起拳头，得让情理来。"①

五、小结

从这场纠纷的解决过程可以看到，作为调解者，如何将原本对立的两端弥合到一起而达成调解，这是一门精巧的艺术。调解者李成所具有的是一种中庸实践思维，通过在对立双方二者之间穿梭往来，以实现用"中"之策。首先，调解者应具有的是一种对全局的深刻认知，对两级背驰的双方利益与观点能够有高度的触觉，能够透过表象、深入内里而找到对立双方的根本利益与矛盾的焦点所在。之后，调解者在考虑各方利益，照顾各方情况的基础上，寻找一种整合性的方案，并说服二者接受此方案。而这种整合性的方案的提出并非一蹴而就的，还要经历屡次的"试错"，这种"试错"本身就意味着对双方意图与底线的试探。在一步步的摸索中，最终找到一个使当事人双方都能接受的"恰到好处"的方案。

调解者的用"中"之策，最为鲜明地体现在调解者对纠纷双方的说服策略上。即调解者如何将原本具有工具理性的、秉持利益最大化的双方当事人"拉"向一种过犹不及、恰到好处的中庸状态。在此案例中，调解人的用"中"策略首先体现在对双方所期待目标的削减上，通过突显纠纷持续有可能造成的利益损失，利用当事人的损失规避倾向，使对立双方都产生出一种对自我目标的节制。其次，调解人通过改变双方各自原有的参照点，以使他们重新评价新方案所产生的损益，使双方重获满足感。最后，调解者通过对未来进行预设，使原告产生出一种面向未来的预期。相应地，被告亦存在一种对未来的不同预期。调解者巧妙地将两种不同的预期通过

---

①　访谈时间为 2016 年 7 月 26 日。

整合方案连接了起来，以一种"和而不同"的状态，使得双方最终达成了暂时的和解。

在调解的实践策略上，调解人具备转化他者的能力，具有中庸实践思维的调解者也同时具备了一种不偏不倚的立场，以及对于情、理、法知识的融通。首先，调解人在所提出的方案上应保持一种无偏向性，这种无偏性还体现在调解人与当事人之间的互动细节上。调解人只有保持一种中立的立场，才能促使双方对其产生信任，从而有助于调解的达成。其次，具有中庸实践思维的调解人实则是一个同时具备双元文化思维的个体，他们同时掌握了两种文化。在调解的过程中"权衡二者之间的关系"，"动之以情、晓之以理、明知以法"，最终寻求情、理、法之间的整合与融通。

韦伯认为，工具理性的膨胀必然会衍生出实质非理性的后果。在法院中，当事人双方基于各自的工具理性，依托法律判决解决矛盾纠纷，产生出一种非输即赢的结果，有时未必是解决纠纷的有效途径。就像一个老法官所说的，"办案未必解决问题，无非是案子出来多少个，判决出了多少个，程序转了多少年，什么问题都没有解决，在程序里转圈"。在中国，有一些纠纷的解决需要中庸理性去破解当事人的工具理性以及法律的形式理性所产生的负面效应。这场土地合同纠纷的成功和解可以再一次印证：中庸实践思维以总观全局的视野和自我节制的心态，主动求取恰如其分的最佳方案，未必不是一条处理纠纷的有效途径。①

---

① 张德胜、金耀基、陈海文等：《论中庸理性：工具理性、价值理性和沟通理性之外》，《社会学研究》2001 年第 2 期，第 33—48 页。

第五章　反中庸思维与调解的失效
——以一场关于土地使用权的纠纷为例

> 法官办案子就像玩扫雷游戏，一路战战兢兢的。可能办了几百件案子都没问题，最后不小心踩了颗地雷，前功尽毁不说，如果被闹腾得厉害了，奖励、晋升、荣誉都别想了，甚至要被处分。
>
> ——郑福珺

一、一场关于土地使用权的纠纷

（一）案情概况

事情要从 1994 年说起。1994 年，荷塘村村民委员会对村里的耕地进行了重新分配。一队的项志远因为分的是最后一份，没有分够面积，所以作为补偿，村里口头将一块洼地分给了他。那次分地因为村委会操作不规范，村里所有的人都没有颁发土地承包证。后来，到了 1999 年，荷塘村又一次对村里的耕地进行了重新分配，这一次分地较为正式，村民分得的土地是有土地承包证的。而那一片在 1994 年指给项志远的洼地由于不便于耕种，并没有被纳入这次土地统一调整的范围，这一片地就一直被项志远耕种着，也没有土地证。时光荏苒，到了 2006 年，村委会与二队的刘祖田签订了土地租赁协议。刘祖田是村委会的会计，租赁了村北规划工业区的 1.5 亩土地，租期为 30 年，年租赁费 1500 元。而此块土地正包含着项志远一直耕种的那块荒地。[①] 双方因此就这片土地产生了纠纷。

项志远称，刘祖田所主张的土地是完全属于自己的，是 1994 年村委分配给其进行耕种的，自己已经耕种了 20 年。并且这块土地原本就是一队的地，而被告是二队的，故而没有资格占有此块土地。而刘祖田方认为，这块地被村委会作为村里的工业用地租赁给了自己的，并且签有协议可以证明，而被告却未能出示土地承包证证明土地是自己分的土地。

这场纠纷由于涉及土地的归属问题，加上历史上农村两个家族之间的恩怨，在村里经过多次调解而终究未能成功。2014 年，刘祖田以项志远擅自在其所租赁的土地上平整土地为由，起诉项志远至河东区法院，要求项志远停止侵权行为。河东区法院一审判决驳回了原告的诉讼请求。理由是原告证据不足，其所提供的租赁合同并不能说明他租赁的合法性、有效性。刘祖田不服判决，上诉到市中级人民法院。2016 年，市中级人民法院以事实未查清为由发回，案子便指派给金镇法庭进行重审。市中院给出了两条指导意见，第一点是需要查明土地的使用性质，到底是建设用地，还是耕地。

---

① 关于刘祖田所租赁村委会的土地是否完全等同于项志远所耕种的土地尚存在争议。刘祖田方认为项志远一直耕种的只是这片土地中的一小部分。而后者认为刘祖田所租赁的土地即是其所一直耕种的土地。

第二点是需要查明这块耕地是否属于被告项志远的耕地承包范围。

郑福珺[1]担任此次重审的主审法官，经过开庭审理之后，法庭最终以"在本案争议土地所有权不明的情况下，关于原告租赁合同中土地使用权的保护和被告所占土地使用权行为的合法性不是民事案件审理的范围"为由，裁定驳回了原告的起诉。之后原告不服重审判决，又一次上诉。上诉之后，亦是由于证据不足，在中级人民法院的劝说之下，原告撤诉。然而，事件至此并未告一段落。之后，被告项志远多次拿着重审"驳回原告起诉"的裁定，要求原告撤离所占土地区域。在此情况下，刘祖田打算再次起诉项志远。

（二）相关制度与法律背景

这场纠纷在法律上存在一个难题，即土地的性质无法确定的问题。中级人民法院之所以将一审判决撤销发回重审，其主要要求也是需要查明该土地的性质，以明确其适用何种法条。根据《中华人民共和国土地管理法》（以下简称《土地管理法》）第十一条："农民集体所有的土地，由县级人民政府登记造册，核发证书，确认所有权。农民集体所有的土地，依法用于非农业建设的，由县级人民政府登记造册，核发证书，确认建设用地使用权。"也就是说，如果村委会按照法律程序，并持有这块建设用地审批的使用证，那么就意味着村委会有权支配这块土地，原告对此块土地的租赁就是合法有效的。相反，如果此块土地的性质被证明是一块耕地，村委会则无权将此块土地租赁给刘祖田，那就意味着刘祖田所主张的排除妨害的诉请是没有法律依据的。法院所面临的难题是，村委会无法提供有效

---

[1] 郑福珺，金镇法院法官，法学硕士。

证据证明此块土地的性质，而金镇法庭在国土局进行的调证，依然没有查明此块土地的使用性质。这就意味着，该案在法律的适用上存在着巨大的疑问。

此外，该案还存在第二个法律上的问题，即中级人民法院要求查明的第二点：这块耕地是否属于被告项志远的耕地承包范围问题。此项事实其实在重审开庭时已经查明。1994年的分地因为土地不够，村委会把贫地割了一块补给被告。而1999年分的都是好地，村委会没有把它划到分的范围内，所以就把这块地遗漏了，还由被告一直耕种。事实虽然查清，但法律上却存在问题。被遗漏且没有土地证的土地，究竟如何确定归属，在法律上亦不好认定。也就是说，被告对于这片土地是否具有使用权，在法律上亦不好确定。

这场由土地的归属问题而产生的纠纷，究其根源是由于村委会在其所进行土地分配行为上的不规范操作，以及在非农建设用地的规划上疑似违规所引起的。而深挖内里，则与我国现行的土地制度有关。《土地管理法》第十条规定："农民集体所有的土地依法属于村农民集体所有的，由村集体经济组织或者村民委员会经营、管理；已经分别属于村内两个以上农村集体经济组织的农民集体所有的，由村内各该农村集体经济组织或者村民小组经营、管理；已经属于乡（镇）农民集体所有的，由乡（镇）农村集体经济组织经营、管理。"也就是说，虽然集体土地产权的抽象主体是农村集体，具体则是农村委员会代表集体行使集体土地产权。虽然村民是集体经济中的最终权利主体，但在《土地管理法》中，村民个体却被排除于权利主体之外。这种制度就容易使得村民委员会在土地分配与处置问题上享有过大的权力，却缺乏必要的监督。

二、双方当事人所述的事实与立场

（一）原告所叙述的案件事实与立场

原、被告所述的事实是有差异的。据原告儿子[①]讲，村子里分地，有户人家把坟都迁走了，剩下一块洼地（注：原告刘祖田在庭审以及领裁定书时均未出现，据言是因为患病，故笔者始终未能接触到他）。分地的时候，村里口头上说这块地就让项志远种了。面积大概是一二分的样子，就是图5-1中曲线内的位置。项志远之后就填土种了点粮食。2006年，原告与村委会签了合同，租了这一大片土地（约1.5亩），打算盖一个厂子。原告就找被告商量让他让出那一小块地，被告不同意。原告多次去找被告进行说服，但每一次说服反而使被告更觉得自己有理，被告一步步地占领了那片土地更多的面积来种植粮食，然后声称那片土地都属于自己。几年之后，电信的信号塔在原告所租的那片土地上建设，与原告签了租地合同，原告每年获得收益9000元。

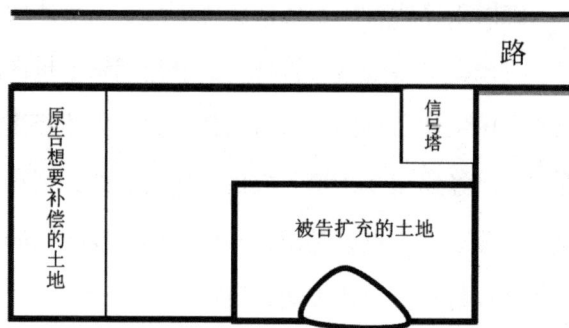

图5-1　原告所述争议土地示意图

[①]　注：原告刘祖田在庭审以及领裁定书时均未出现，据言是因为患病，故笔者始终未能接触到。

原告说他们曾多次想找被告和解，并提出过几个方案。其中有一个方案是，原告把每年信号塔所得的全部收益给被告，以换取被告退出那片土地。原告说这对于被告是十分有利的，被告就算每年对那块土地进行耕种，也不可能获取如此多的收益。除此之外，原告还提出过换地的方案。即分出所租土地左侧的一部分让给被告耕种，以替换被告现在所耕种的那块土地。之所以这样做，原告解释说这样整片的土地好进行养殖。然而，被告对两个方案均不同意，而且态度坚决。

金镇法庭判决驳回原告的诉讼请求，原告的儿子在拿裁定书时，向法官表示了希望通过法官进行调解的想法。原告提出或者是给被告一些钱，让被告退出土地；或者是被告出一些钱，原告也同意把土地租给被告。但是似乎以前被告就对这两个方案也都不置可否，从不说一个价钱出来。原告说，如果被告能说出一个价钱来，还是可以商量的，但是被告什么也不说。自己又不能把用钱租到的土地白白给了被告。原告表示不愿意这样告状费工夫，也想调解，但是被告这样行动，他们也只能接着告了。

（二）被告所叙述的案件事实与立场

被告所认定的事实与原告存在比较大的差异，无论在庭审中，还是在庭审之后，都一直坚持认为那片土地是属于自己的。是1994年村委会分给被告，并且被告已经耕种了20余年。被告说，原告刘祖田是村委会的会计，他和村里签协议时自己并不知情，直到8年之后才主张这片土地是他的。而这块土地是一队的地，而原告是二队的，没有资格占有此块土地。被告认为原告租赁自己土地的行为完全是强盗行为，"当官的想咋地就咋地，你签了字地就变成你的了吗？"

在金镇法院庭审时，被告找了8个同村村民作为证人来法庭出庭作证，证实争议土地是一队的地，被告是一队的，原告是二队的，并且被告一直在耕种着这块土地。由于这些证人都是在证明一个事实，所以法官只叫了3个人出庭作证。这3个人在作证期间，都不约而同地提到了他们对村里分地的看法。他们都说村里多次分地，但分一回，地就少一回，干部贪一回。村里的干部把留着的地都圈了。大队拿着章说给谁就给谁，土地卖了钱就被他们贪污了。以上证人的证言，因缺少证据，并不好以此断定其中的事实真伪。但是从被告及其证人所述的言语中，却可以窥见被告对于此案件事实的一种建构倾向。其意图或许是使自己的话语成为一种支配性的话语，以影响法官对于该案件的责任推断。

法官郑福珺基于原告想要调解的态度，曾在庭后试图劝说被告进行调解。但被告态度坚决地不同意调解，无论原告给多少钱。被告说，如果原告没有告到法院的时候，调解还有可能，但是现在已经被原告告了3次，村里的人都知道了，他们不会妥协的。被告还说之所以不能调解，还有一个原因是两个家族之间有复杂的历史恩怨。在1999年分地的时候，项志远因为分地问题，被村支书刘祖辉送进了劳改所"住"了106天。刘祖辉和原告刘祖田是本家人，刘祖田又是村委会的会计，属于村委的"一伙人"。项志远从劳教所出来以后，村委那一伙人说的话也很难听，说项志远出来也是有罪之身。项志远老婆因为这件被劳教的事情去北京上访，状告村支书已十年有余。项志远一家认为村支书、村会计等村委会那一伙人合伙欺负他们家。这次因为地的事情，刘祖田在那块地上垒了墙头，项志远一家人认为也是刘祖辉背后指使的。当时，有一次两家因为土地调解过，最后也没调解成功，项志远老婆怀疑是村支书刘祖辉背后出的主意。所以这场土地纠纷是连带着以前恩怨，是不能和解的。被告说一定要打出一个是非，打出一个明白，一定要有一个结果，让他们赢，让村里人都知道他们是占理的。

三、法官调解的过程与失败原因

在金镇法庭裁定驳回原告起诉后，由于原告表达了调解的倾向，法官郑福珺也曾经试图充当调解人，努力促成此案件能够实现庭后和解。然而，被告坚决拒绝进行调解，期间还与法官产生了言语冲突，致使法官的调解工作以流产而告终。虽然金镇法庭之后做出了驳回原告起诉的裁定，但是此项案件却最终没有结案了事。原告不服此项裁定提出了上诉。而被告对此项裁定也不甚满意，认为法庭并没有将土地判给自己即是不公平的。在此，我们将描述法官调解的过程并分析调解失败的原因。

（一）法官与被告在目标取向上的差异

在冲突中人们通常追求四种目标，除了与主题相关的目标之外，还包括了关系目标、身份／面子目标，以及程序目标。[①] 主题目标即人们在冲突中想要得到什么，如在此次冲突中，双方的主题目标是对于土地的争夺。然而，冲突双方并非只关注主题目标，尤其是在双方的冲突矛盾变得激化时，关系目标或身份目标有时会替代主题目标成为冲突一方或两方最为关注的部分。

1.被告的目标取向：面子

被告之所以不接受法官的调解，其中有一个重要的因素是被告的主要目标发生了偏移，从主题目标转移为面子目标。之所以发生了此种偏移，

---

① 　［美］威廉·W·威尔莫特、乔伊斯·L·霍克：《人际冲突》，曾敏昊、刘宇耘译，上海社会科学院出版社2011年版，第69页。

根据被告的叙述分析，可以总结出两种原因。其一是由于历史上两个家族的恩怨。项志远一家认为以村支书为代表的村委会曾经因为分地对他进行打压，将他投入劳教所，使其全家在熟人社会中丢了"面子"，从而一直处于被"欺压"的角色。项志远这一次将与村会计刘祖田的土地纠纷视为以往纠纷的延续，他们试图通过在这次冲突中获得胜利，以找回丢失已久的"面子"。调解之所以不能被其接受，是由于他们认为调解意味着让步，在村里是一种认输的标志。

郑福珺说："他有一种，不仅是从事实，从他们身上，他们更加想从这个事情上通过一种彻底的赢来向村民证明他们的胜利，向村里人、熟人社会、周围人证明他们的胜利，来出一口气。就是所谓的彻底的赢，'我们要赢得很彻底'。他们在这里面有很大的考量，所以他们很难为一般的利益打动。"[1]

其次，原告已然将自己告上了法院，并且一告就是三次。在被告的认知中，被原告告上法院亦意味着其脸面再次受到了熟人社会的关注，如同他所言"村里的人都知道了"，被告的自我公共形象又有了被重新置评的可能与机会。被告的"依附于社会的自尊"[2]，使得被告不能接受因其妥协行为而使得脸面再次受损的可能性，他们试图胜诉找回或者恢复过去受损的面子。

2. 法官的目标取向：利益

郑福珺："那个男的（原告儿子）挺有调解诚意的，人家就说不是当时那小块地给了电信了吗？电信在那儿建了一个信号塔，每年补偿9000

---

[1] 访谈时间为 2016 年 4 月 7 日。

[2] 黄光国、胡先缙等：《人情与面子》，中国人民大学出版社 2010 年版，第 80 页。

块钱，可以把这些钱给他，他把这块地腾出来。这个电信公司的钱全都给他，人家不要这个钱都行。你说这个对他挺有利的吧，你说他一年种的那块地，撑死了种点儿菜啥的能挣多少钱？咱就想着，心里头觉得对他们挺好呀，这个方案对他们挺有利的。调解调解，就说对方挺有调解诚意的，挺为你们考虑的，就说这个方案对他们挺有利的，就把这个方案和他们说了。想不到对方勃然大怒，你知道不？就一直说我，说我向着对方，就有点枉法那种。"①

在法官的认知里，既然双方都没有足够的证据证明自己对这片土地的使用权，原告所提出的调解方案，即将信号塔收益全部付给被告，对比被告每年所种粮食产出的收益，法官认为此方案无疑对被告是较为有利的。法官以此认知来劝解被告，却引发了被告极端的愤怒，从某种角度来讲，是由于法官的目标取向与被告的目标取向之间不一致所造成的。

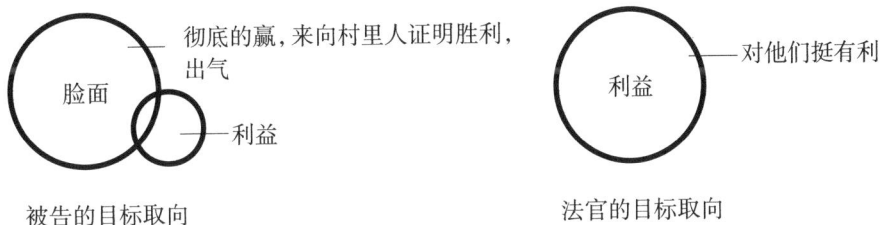

图 5-2　被告与法官的目标取向对比

法官主要关注的是冲突中双方利益分配的问题。而与之相反，相较于利益目标，面子的问题对于被告的重要程度更高（如图5-2所示）。之所以出现目标取向的不一致，从认知的角度上讲，是由于人们通常采用不同的心理视角来看待自我与他者。被告采取的是个体"内部"视角，根据具身化的认知与经验来确定目标与期待。而法官作为一个他者，采用"外部"

①　访谈时间为 2016 年 4 月 7 日。

的视角来推断他者的意图、动机。法官基于一般的常识，从利益的角度去进行调解，未能了解被告所经历的情境，无法从被告的内部视角去认知他们实际上的目标考量。这导致了一开始的调解就受挫。当冲突严重时，一般难以仅仅通过主题目标来解决问题。①

（二）法官与被告在认知方式上的差异：区隔与混同

在调解中，法官除了从利益的角度来劝说被告接受调解方案之外，同时也从证据和法律的视角向被告解释了继续诉讼所存在的法律风险，就事论事地站在法理角度为当事人权衡利弊。然而这种方式却并不奏效，反而遭到了对方对法官公正性的进一步质疑。

郑福珺："我说你现在已经很好了，因为以你们现在的证据来说的话，对方因为证据不足已经驳回起诉了。就算你们起诉要这块地，你们的证据也不是很充足。他们觉得他们在理，有证据。理都在他们那儿呢，他们怎么可能赢不了。我作为一个法官竟然说他们没证据，赢不了，就是说没有证据能赢。就开始踩着他们的尾巴了。"②

从材料中可以看出，法官从证据和法律上分析此项案件的情况，并根据法律规定与现有的证据作出一种专业性的预测，其实并不存在太大的问题。而被告质疑法官的公正性，认为自己"在理""有证据"，其所谓的证据、理由，其实并非是从法律事实的角度而言的。这种分歧实则体现出法官与被告所具有的两种不同的认知方式，法官采取的是一种区隔化的认知方式，被告采取的则是一种混同式的认知方式。

---

① ［美］威廉·W·威尔莫特、乔伊斯·L·霍克：《人际冲突》，曾敏昊、刘宇耘译，上海社会科学院出版社 2011 年版，第 85 页。

② 访谈时间为 2016 年 4 月 7 日。

在法官眼中，每个案件都是一个独立的事件，法官需要做的就是依照法律规范与相关证据对这个独立的事件进行对错的判定。然而，在当事人眼中，他们所提交给法院的纠纷往往只是社会关系链或历史的事件链中的一个节点，是一串珠链之中的一珠。每个事件、每种关系就像珠链一样彼此相互关联，是不能够拆开来看的。如同滋贺秀三所说，"中国人具有不把争议的标的孤立起来而将对立的双方——有时进而涉及周围的人——的社会关系加以全面和总体考察的倾向"。[①] 这就导致了法官对于事件的认知与被告对于事件的认知存在明显的区分，从而使得彼此之间的沟通交流出现了障碍。

郑福珺："他们（被告）混成一团了，不是就事论事，不太理性。这个事是这个事，那个事是那个事。他们不是，他们是把所有的事全都混同在一起。就是说，他们之前的那个事是多么受委屈，多么受压抑。他们又是多么有理。他们不把这个事分开来看，而是全部混同来看，我感觉。一说起这个事，就非要扯起以前的事。说起现在的这块土地，就非得扯上前面的恩怨，就非得要从以前谈起。你跟他说这个事，就要从 long long ago 以前谈起。（笑）他就每次非得给你回忆历史。你说以前的事跟这个案子有啥关系呀？都没有。他们不，他们不这样想。"[②]

杨国枢在人们对社会变迁适应方式的研究中，曾提出心理区隔化（psychological compartmentalization）的概念，对于我们的研究具有借鉴意义。所谓的心理区隔化，即为了避免矛盾情绪的作用，在区隔的作用下，

---

① ［日］滋贺秀三：《中国法文化的考察》，王亚新译，王亚新等编《明清时期的民事审判与民间契约》，法律出版社 1998 年版，第 14 页。

② 访谈时间为 2017 年 2 月 20 日。

个体有意识地将矛盾感的事物分为两个或两个以上的范畴，将之分别对待，各自处理。心理区隔的主要目的是不使一个范畴内的变迁渗透并影响到其他领域。[①]从对法官访谈的文本分析中，法官所说的"就事论事""分开来看"其实就是在倡导一种类似的区隔化的认知方式，认为事件之间可以进行区隔并单独加以处理的。这亦属于一种法律化的认知方式。

而被告不能将事件进行区隔化认知。比如，被告不能将原告刘祖田与村支书刘祖辉分开来看。被告也不能将可以单独处理的土地纠纷与以往的恩怨分开来看。在被告看来，刘祖田与刘祖辉都是村委的"一伙人"。基于此，以前村委"一伙人"使其劳教 100 余天和劳教后对其的讽刺就无法不与原告刘祖田产生关联。亦是基于此，原告刘祖田背着被告租赁争议的土地，在争议土地上盖墙头，以及调解失败的问题，也就无法不与村支书刘祖辉产生关联。这种混同认知方式进一步影响了其情感与行为策略选择，导致被告最终无法接受法官只针对本事件的调解。

在现实中，法官所追求的是针对具体事件和具体对象的公平，而个体所希望的却是一种综合性和相对连续的公平。[②]我们无法判断前后两者究竟孰优孰劣。但是可以确定的是，基于制度等原因，法院以及法官在解决一些复杂的纠纷冲突中往往是存在局限性的。因为有些冲突涉及的或是盘根错节的社会关系，或是包含前尘往事的恩怨情仇，而法律处理的只是具体的事件，往往很难"弥合、熨平或重建发生褶皱或断裂的社会关系链和事件连续链。"[③]

---

① 杨国枢、陆洛：《中国人的自我：心理学的分析》，重庆大学出版社 2009 年版，第 152 页。

② 朱涛：《纠纷格式化：立案过程中的纠纷转化研究》，《社会学研究》2015 年第 6 期，第 1—25 页。

③ 强世功：《调解、法制与现代性：中国调解制度研究》，中国法制出版社 2001 年版，第 440 页。

四、被告的反中庸思维与法官的风险规避

（一）被告所具有的反中庸思维

1. 对案件的认知：自以为义

当事件被当事人进行诠释和建构，这种的诠释和建构会暗含着当事人对于事件应如何处理的主观取向。[①] 从被告对于事件的叙述中，可以看出被告采取的是一种悲情叙事的方法，将事实建构为一个恃强凌弱的故事，涉世双方被划分为施害者与受害者的强弱两方，并分别被贴上正义与非正义的标签。被告将单一的受害关系作为叙事的核心，以社会压迫作为叙事背景，而有意或是无意地摒弃利益博弈，使弱者即正义的逻辑变得顺理成章。[②]

郑福珺说："他们就觉得弱者即正义，他们就是弱者，他们就是正义的，天然的正义那种感觉。就是他们受了一辈子欺负，他们被村委会、村长欺负了一辈子。他们觉得现在他们有理，他们就是一直被欺压，一直是受欺负的一方。"[③]

与徐某相同，被告项志远也总认为他在此次纠纷中是有理的、正义的一方，对方是非正义的、欺压良善的。项志远认为自己是正义的，法官应该是支持正义的一方的。法官驳回了原告的起诉，实际上则意味着被告的胜诉。但在被告眼里，他们并没有"真的赢"，因为被告所期待的胜诉是

---

① ［美］萨利·安格尔·梅丽：《诉讼的话语：生活在美国社会底层人的法律意识》，郭星华译，北京大学出版社 2007 年版。

② 汤景泰：《偏向与隐喻：论民粹主义舆论的原型叙事》，《国际新闻界》2015 年第 9 期，第 23—35 页。

③ 访谈时间为 2017 年 2 月 20 日。

法院将这片土地判给自己，自己获得这片土地的使用权，这样对他们来说才是一种"彻底的赢"。然而，按照相关法律规定，被告要求获得土地的使用权，在法律上是需要另案起诉的。由于这次诉讼是原告主张排除妨害，被告并没有针对土地提出诉讼请求，在法律上是完全不可能把土地判给被告的。

同徐某一样，被告将这种目的的未达成亦外归因到了法官个人身上，被告认为他们没有"真的赢"是不是由于证据的问题、法律的问题，而是由于法官偏私的问题。当个体认为自己比他者更道德，看问题只执着于己方一端之视域，意味着个体在其动机和认知上有己无人、自以为义，这是一种典型的反中庸思维方式。

郑福珺说："反正，打不赢就是法官的问题。之前，他说还要告中院姓梁的法官，因为官司打了这么长时间了，上诉了这么长时间，一张书（判决书）都没给他，还让他们重新起诉一遍，就到这儿（金镇法庭）了。她不是总去北京嘛，就说去北京也要告他呢。后来他就说不判他们赢他就要告我。我说他们赢不了，说他们证据有问题，他们就觉得我有问题。他们认为他们毫无疑问是占理的，是正义的。就是说我们不判他们赢就肯定是我们有问题。"①

2. 与法官的互动：公正敏感

心理学家认为，人们对公平的追求具有个体差异性，进而提出了公正敏感（justice sensitivity）的概念。所谓的公正敏感，是指察觉公正或不公正的灵敏性以及对不公正的容忍度。公正敏感度高的人，往往会习

---

① 访谈时间为 2017 年 2 月 20 日。

惯性地觉察不公正。[①] 公正敏感的类型之中包含了受害者敏感（victim sensitivity），即自己作为受害者对不公正的敏感程度。受害者敏感唤起猜疑的阈限较低，情境中轻微的恶意线索就能够激发出他们的猜疑。[②] 而猜疑是一种防御策略，一旦被激发出来，为了不被利用，很可能表现出不合作和反社会的行为。

心理学中将公正敏感作为一项稳定的人格特质，认为公正敏感反映的是不同人对公正的不同偏好。[③] 然而，笔者在法院调研发现，公正敏感不仅是一种个体化的人格特质，我们认为公正敏感是个体与他者在互动的情境下生成的，故而它也具有一种情境性和指向性。在法院审判过程中，更容易触发当事人的公正敏感，尤其当个体认为法官判决不利于自己时，当事人往往更容易启动对于法官的公正敏感。法官无论在文化上，还是在当事人的期待上，都是作为一种正义的化身而存在的。但由于涉及个体自身利益的输赢成败，以及一些当事人所具有的自以为义，法官极易成为引发当事人公正敏感的一个"靶区"，一些当事人的公正敏感一旦被法官的言辞行为激发出来，其就会对法官产生出一种具有恶意的态度和行为。

郑福珺说："他（被告）[④] 就说这不是他想要的结果。我就劝他们说你们已经胜诉了，不可能完全按你们的想法判的，这是原告起诉你们的，

[①]　白福宝、杨莉萍:《公正敏感研究:回顾与展望》,《心理研究》2012年第6期,第55—61页。

[②]　Gollwitzer, Mario, T Rothmund, D D Cremer. "When the need to trust results in unethical behavior: The sensitivity to mean intentions (SeMI) model", *Psychological perspectives on ethical behavior and decision making*, 2009, p.135.

[③]　谢雪贤、刘毅、吴伟炯:《公正敏感性的研究现状与展望》,《心理科学进展》2012第2期,第301—308页。

[④]　此事件发生在法官裁定驳回原告起诉后,被告项志远一家去法官处领裁定书时。

咋可能把地判给你们呢？就是说，你们想把地变成你们的，你们就去起诉原告。而且，我还劝他们呀，我说你们起诉原告，你们的证据也不足呀，你们也赢不了呀。然后他就愤怒起来了，我说了这话，他就觉得我判得不公正，而且他们觉得我在心里面对他们有成见，觉得他们赢不了。他们觉得他们有证据啥的，都不成问题，然后我居然这么说。他们特别生气，就开始和我吵，吵得特别厉害。然后就拒绝签字，我们不领了，我们不签字，我们还要告你去，就这样。然后我就特别生气。"[1]

从材料中可以看出，被告在与主审法官进行互动的过程中，法官认为以被告现有的证据，在法律上不能达成其"彻底赢"的目的，从而激发了被告对主审法官公正性的质疑。其实，法官所说的"证据不足""赢不了"，有可能只是单纯基于客观的情况而做出的一种预测，而并非是基于某种恶意或者一定具有一种偏向。然而被告则从此模糊情境中识别出法官具有偏向性的信号，从而产生对于法官的猜疑态度。由于这种猜疑态度，被告为防御法官对其权利做出有可能的侵害，进而做出了不领裁定书、威胁法官要上告的行为。从被告的行为中可以看出，他表现出了公正敏感的人格特质。被告的猜疑态度和不配合的行为进一步激起了法官的愤怒。

郑福珺说："我（法官）就觉得特别愤怒，我觉得我是好心。我觉得我跟他们这么说是出于好心，有时候我跟他们解释法律上的风险，我都是从证据上说，从法律上说，我觉得是为他们考虑。他们不领我的情就算了，还这么说我，好心当成驴肝肺。他们很不配合我的工作，拒绝签字，最后也没领这个裁定，就直接走了。他们总在说，你判的不对，没有判我们赢，我们就要告你，就一直这么说。我就说，你要告你告去，我对得起良心，

---

[1] 访谈时间为2017年2月20日。

我也是秉公判的案，我也对得起法律，你爱去哪儿告去哪儿告，就跟他吵起来了。"①

　　研究认为，公正敏感和"应该"存在正相关；相反，公正敏感和"事实"存在负相关。相比公正敏感度低的人，公正敏感度高的人欲求的公正结果和现实结果之间的差距会更大，随后他们的反应也更为强烈。②项志远作为公正敏感的个体，对于法律或公正具有一种应然性的认知，这种认知只是基于个体自我对于法律的建构和想象。当这种想象与实际的结果差距较大时，会引发个体的强烈敌对行为。公正敏感者在行为上所表现出的激进的防御策略，以及对于法律应然性的认知，与徐某相类似，亦反映出一种反中庸的思维方式。

（二）法官的风险规避取向

　　该案在法律上属于一个比较疑难的案件，影响其进行判决的核心要素，即所争议土地究竟属于什么性质，由于客观原因，始终无法进一步查明。这就致使如何审判缺乏了必要的法律上的依据。在土地性质无法确定的情况下，金镇法庭经过合议，最终决定以该案不属于法院受理范围的理由，在程序上驳回了原告的起诉。那么，金镇法庭做出这一项裁定是出于什么考虑呢？

　　具体而言有两点。首先，是基于原有判例的影响。由于之前金镇法庭的温庭长曾主审过一个类似的案件，一审亦是从程序上认定该案不属于法院的受理范围而驳回了原告的起诉，而二审中院维持了一审的原判决。因

---

① 访谈时间为 2017 年 2 月 20 日。

② 白福宝、杨莉萍：《公正敏感研究：回顾与展望》，《心理研究》2012 年第 6 期，第 55—61 页。

为有以往的判例作为参考，所以再以此种方式驳回起诉对于法官而言就是一种比较稳妥的方式，它降低了主审法官出错的风险。

郑福珺说："首先，我觉得这个事儿首先要查明原委。但是，现在在查明不了的情况之下，怎么样能让双方更容易接受一点？那个案子（温庭长曾主审的案件）和现在的这个很相似，基本过程就不说了，温庭长从程序上认定那个案子不属于法院的受理范围，它走的是这个思路。根据土地法的规定，'土地所有权和使用权的争议，由当事人协商解决，协商不成由人民政府处理'。如果走这个驳回的话，一个是有现成的案例可以提供参考，而且最后中院维持了一审原判，是一种比较安全的方式。（问：对谁比较安全？）对……一个是承办案件的法官，发生错误的可能性比较小，另外是这个案件受争议的可能性也会降低。可能比那一种方式要降低一些风险。"①

其二，基于对原、被告两方面考虑的折中之策。由于此案矛盾比较激化，在现有证据的情况下，法庭最终做出了一个顾及当事人双方的裁定。裁定在程序上驳回了原告的起诉，一方面支持了被告，而在另一方面又没有从实体上否定原告租赁行为的有效性。虽然同样是驳回，从程序上驳回起诉与从实体上驳回不同，从程序上驳回无疑对于原告是较为有利的。在法官进行合议时，虽然有两种思路，但最终他们选择了从程序上驳回原告起诉，无疑也是一种考虑安全、顾及双方的"执两用中"之策。

郑福珺说："周庭长刚开始的意思就是按照原审走，驳回诉讼请求。因为之前的那个案子就是他办的，他提供了这个思路，就是说别从实体上去认定人家了，从实体上认定人家好像是把人家的路给堵死了。也别把人

---

① 访谈时间为 2017 年 4 月 7 日。

家的路给堵死了，可能就是从受众的考虑上讲，他肯定是受受众的影响的。

　　这并不是说原告在实体上是败诉，就是说在程序上他现在找法院是不对的。不属于法院的受理范围。但是并没有在实体上否认这个租赁是有效的，没有在实质上对他的这个权利进行否定。他还是可以进一步收集证据，待证据完整了之后可以再起诉。"①

　　除了此案件在法律上存在难题之外，纠纷双方的矛盾亦比较激烈，被告一方又秉持一种反中庸实践思维，致使法院基本上没有能力从根源上去解决此问题。在双方都存在证据缺陷的情况下，法院亦无法给出一个公平而又可以执行的判决。在这种情形下，法院所能做的唯有将案件推出去，这实则反应出法院及其法官所具有的一种趋利避害的倾向。

　　有学者在对法院法官进行实证调研的基础上，提出了法官效用函数假设，认为中国法官是趋利避害的理性人和风险中性或风险规避的个体。领导印象（升迁）、避免错案（风险控制、推卸责任）、晋升等是中国法官判决考量的重要因素。②从法官对于此案件的考虑和处理过程中，我们发现法官具有一种风险规避的取向。无论是基于以前的判例，以降低判决出错的概率，还是顾及双方，"别把人家的路堵死"，从程序上驳回原告起诉，以及探索如何寻找合适的法条适用等，其实从某种角度上说都是法官为自身安全考虑的一种风险规避行为。

　　郑福珺说："其实法院会时不时地遇到这样的案子。没办法明确地给出一个答案，或者说去解决它。碰到这种情况，法院怎么处理？法官有时候会考虑怎样安全地把这个案子给推出去，给结了。自己不担风险，自己

---

①　访谈时间为 2017 年 4 月 7 日。

②　艾佳慧：《中国法官最大化什么》，《法律和社会科学》2008 年第 1 期，第 98—151 页。

安全着陆，而不是在处理案子的时候让自己陷进去。他这个当事人信访的风险还是比较低。如果有一方是一个潜在的信访风险很大的人，可能因为这一个案子不停地告我。去领导那儿告，院长那儿告，去政府那儿告。一直去告我的话，我自己就会陷入特别危险的境地。可能就因为这一件事儿、这一个案子，我就再也没办法升迁，没法评职称，会有一个不太好的发展前景，或者说基本上没有发展前景。法官在心理上会对这种案子的潜在的信访风险进行自觉或不自觉的评估，如果这个原告可能就是这种人的话，我们可能还会更慎重。就算有压力，可能也不会这么快结案，还会再想想，会不会有更安全一点的方式，明白吧？"①

我们分析了被告具有的反中庸思维表现出的自以为义和公正敏感性。他们通常认为自己是正义的、道德的一方。以此比对，与之不一致的一方即是非正义、不道德的一方。在这种认知方式的指导之下，法官对其的不利判决往往会被其归因为法官个体所具有的偏向性。反中庸思维个体有时会具有公正敏感性，法官的一些中性的或者稍具偏向性的言行即可触发其公正敏感，继而引发他们对于法官"不公正"的对抗反应。这是一种自我强化循环，不公正感反过来又会增加将下一个情景察觉为不公正的可能性。在不公正感被激活的情况下，这种有意的反刍可能导致个体对不公正做出反事实解释。②由此可能带来的结果是当事人对于法官的愤怒与反抗行为，也就是法官每每在审理案件过程中所担忧的信访风险。

故而，在具有反中庸思维的个体的潜在作用之下，法官作为理性化的个体，在审判中具有一种风险规避倾向。针对疑难的案件以及具有信

---

① 访谈时间为 2016 年 4 月 7 日。

② 白福宝、杨莉萍：《公正敏感研究：回顾与展望》，《心理研究》2012 年第 6 期，第 55—61 页。

访风险的当事人，法官有着高超的"推"的技巧，就像打太极一样，能够圆融地将矛盾纠纷"推"出去，且推得要合理合法，还要让当事人接受。这反映出法律对于解决一些社会矛盾和纠纷的局限性。然而，法院把纠纷"推"出去，并不能导致纠纷的解决，而且可能由此会产生一些的社会隐患。

五、小结

上一章节主要描述和分析了一个关于土地的案件调解成功的过程，此章节则描述与分析一个土地案调解失败的过程。总结这一案件调解失败的原因，可以发现以下两种因素起到了关键性的作用。首先，作为调解者的法官只运用了一种法律化的思维方式来参与调解。他首先对双方当事人以及案件的来龙去脉没有一种较为细致的全局性认知。法官自己也承认，他是在没有事先进入村庄了解案件的前因后果的情况之下，只是作为法律工作者单纯从法律角度来进行调解。由于不了解具体情况，他不能够透过表象、深入内里地找到对立双方的根本利益与矛盾的焦点所在。由于对案件的认知不充分，在调解的过程中，法官所关注的目标取向与当事人所关注目标取向截然不同，所以法官在说服当事人的方式上出现较大的失误。其次，案件之所以调解失败，其中最为重要的一点是被告当事人所具有的反中庸实践思维方式。在调解过程中可以看出，被告一直以一种强硬而敌对的姿态来拒绝调解。其看待案件的自以为义和混同化的认知方式，在与法官的互动中对于情绪的不加控制，以及对待法官的威胁与不合作的行事策略，均体现出一种反整全观、反自我节制、反和谐的反中庸思维特点。

在本案中，法官所具有的法律化的思维方式，与被告当事人所具有的反中庸思维方式，最为鲜明地体现在法官的区隔化与被告的混同化的认知方式上。所谓混同，即为混淆、等同之意，也就是将本质上不同的人或事物等同看待。混同化认知看似与整全观较为类似，因为这种认知将所有相关事件或人都纳入了认知范围，并强调事物之间的联系。就如同被告将发生的所有历史事件以及相关人物等都纳入考虑范围一样。但是，混同化的认知并非是一种整全观，因为虽然这种认知看似比较"全"，但是其认知范围的所有要素却缺少必要的区隔，而融为一体。也就是说，这种认知方式将所有的事件或人同质化，赋予一种同一的性质，就像是被告将以往的历史事件与现今的纠纷混为一体。这种混同化的认知方式只侧重于同一而无对立，虽然其认知要素较为多元、连续，却实为一端之认知视域，而非两端之认知，更非凭借两端而认知中间的整全视域。

法官的区隔化认知方式亦非整全观，它更像是一种分析式的思维方式，强调事物本身的特性，强调用逻辑的、非矛盾的观点看待和分析问题。[①]这种区隔化的认知方式将生活中原本具有连续性的系列事件拆开，择取一个单独的事件，并抛开事件之中的道德、习惯等诸多非法律的元素，然后对之进行单独分析。区隔化的认知方式刻意忽略了事物之间原有的联系，只将视域集中到一个单一的事件上。这种认知方式往往可以有效地解决简单的纠纷，却可能不能有效解决像上述案件这样的复杂的矛盾和冲突。区隔化认知方式与混同化认知方式相比，前者强调对立而忽视联系，后者强调同一而泯灭差异，具有这两种认知方式的个体之间往往不能很好地进行沟通，此案中法官与被告的沟通过程即为此例。

具有反中庸思维的个体往往自以为义，对于案件如何解决具有一种应

---

① 侯玉波：《文化心理学视野中的思维方式》，《心理科学进展》2007年第2期，第211—216页。

然性认知，而当这种认知上的"应然"与现实判决的"实然"差距较大时，极易引发具有反中庸思维的个体对于主审法官的公正敏感，在其行为上易表现出激进的防御策略。法官作为一个趋利避害的理性人，为了预防和杜绝这种具有反中庸思维的当事人带来的威胁，采取的策略是对风险进行规避，将暂时不能解决的纠纷通过合理合法的手段"推"出去。可见，当事人的猜疑、威胁与法官的风险规避是互构共生的，在这种情况下，一些纠纷终究无法通过法律手段加以有效解决。

第六章　案例对比分析

有象斯有对，对必反其为。

　　　　　　　　　　　　——《正蒙·太和篇》

一、中庸与反中庸思维纠纷应对差异

李某案与徐某案在性质和过程上有很多类似之处。两人都是与一个原本与之有依附关系的组织之间产生了纠纷，前者是与作为发包人的镇政府，后者是与作为雇佣者的企业。纠纷的产生以及激化的过程对两人的生活都产生了负面的影响，李某的财产遭遇到巨额损失，徐某失去了在国企的工作。他们都将遭遇的负性事件感知为不公正，之后两人都投入了诉讼行为之中。就诉讼时间而言，两者都具有长时性，徐某已经持续了 20 多年，李某投入诉讼的时间也有 9 年多。就诉讼的过程而言，两人在诉讼中途都取得了阶段性成果，李某要回了赔偿款 17 余万元，徐某获得了 8 万余元的赔偿，且法院判令撤销了对其的除名。两人在取得阶段性成果之后，依旧继续进行诉讼请求，但是法院后续的一系列判决都没有支持他们的其他诉讼请求。区别在于李某之后就放弃了诉讼，徐某还在继续。就结果而言，两人都并未完全达到其预期的目标，但相较于徐某而言，李某的结果与其预期目标之间更为接近一些。

在前文对于两个案件的单独分析中，主要关注外显的行为层面所体现的实践思维的特征。在这里，我们将重点转向分析和对比两者对法律的认知问题。通过挖掘法律意识在"微观行动者和宏观的制度""动态的行为和相对静态的结构"之间的中介作用，探讨中庸、反中庸思维与客观法律制度的相关关系。

（一）对法律规则认知的对比

有学者将对法律的认知细化为对法律规则的认知与对法律运行的认知两个维度，并认为两个维度之间存在张力。[①] 我们认为，对于法律规则的认知亦可细化为两个子维度，即对具体法律规则的认知与对抽象化的法律的认知。前者指涉个体对于法律知识的掌握程度，后者指涉个体对于一种抽象的、象征性的法律体系的认识与信仰。

1. 对法律知识的掌握程度

法律知识是人们关于法的一般理论，包括现行法律的具体内容和特点以及程序等方面知识。当事人所掌握的法律知识对于其诉讼的行为、博弈的策略及其诉讼结果产生一定的影响，并且对于其能否接受特定的判决结果产生一定的作用。李某与徐某在对法律知识的掌握程度上存在着差异。

---

① 刘子曦：《法律意识的两个维度：以业主诉讼维权为例》，《开放时代》2014 年第 4 期，第 133—147 页。

　　李某曾说："我不知道谁说过一句话，我永远记得，'你哪一行也不要不学，哪一行虽然不精，哪一行也不要当外行'。我在税务局的时候就爱看法制报，后来我自己拿钱订法制报。我爱看那些小故事，事情怎么发生的，怎么进行的。所以我说，我的合同实际上还没到期呢，你为什么有权终止合同？我的合同是市里批准的，有厂长授权书。"①

　　笔者问："你有没有学过法律知识？"

　　徐某答："没有学过"。

　　笔者问：你找过几次律师，他们都是怎么帮你的？"

　　徐某答："律师找过好几次，就是出庭的时候给你弄个代理词，出庭的时候说两句，就是这吧。写起诉书也基本上是我写的，他就弄一个代理词。我自己琢磨着写，实事求是呗。找律师不给人家钱人家怎么帮你，你现在问问，咨询一次就要100块钱，用不起，经济上没法支持你。"②

　　李某在没有和镇政府产生纠纷之前，就开始关注和学习法律知识，在与镇政府进行诉讼的过程中，李某自学法律知识。而徐某囿于自身能力、认知需求及其经济水平的限制，既没有掌握太多的法律知识，也没有经济条件通过律师帮助获得对法律知识的理解。从中可以看出，李某是具有高认知需求的人，相较于徐某，他更努力地投入对相关法律信息的收集与加工活动中，并将之运用到相应的具体场合。

　　而徐某所具有的法律知识，基本上是由生活实践的逻辑所支持的、由肉体化的日常行为惯习所承载的、由传统赋予其权威性和合法性的，并通

---

①　访谈时间为2016年1月21日。

②　访谈时间为2016年6月25日。

过日常生活实践所习得的一套知识。[①]可以说徐某的法律知识是一套自我的内隐论，是从自身生活经验中总结出来的规律。其与法官所拥有的一套建构在学理逻辑基础上的、由客观法律规范所承载的法学知识迥然不同。个体的内隐论影响其思想与行为方式，它不只体现出法律制度对个体行动者的影响，更重要的是体现出能动的主体通过实践对于社会结构与制度的反作用。

徐某说："2012年底就该办理退休手续，法院应该依法强制判决电厂为我办理退休手续，交养老保险，交退休金。法官不懂这个么？为啥知法犯法呀？这案子怨我啊？"

郑福珺（法官）："你超过60岁了，没办法恢复，保险部门不能办呀？"

徐："我超过60岁，谁叫我超过60岁的？本来应该给我办的，为啥不给我办？都是金镇电厂的事，这就该依法强制执行哩，法官不去，就是贪赃枉法。"

郑："你把法院的权力看得太大了，这个接续工龄、办理保险最终还是要劳动局帮你办，又不是法院给你办，法院没这个权力，最后还是劳动部门给你办这个手续啊。法院能办你的退休手续啊？你搞笑哩。"

徐："法院能强制让他办呀！强制执行它，让金镇电厂给我办，你法院有权强制处理它呀。没这个权力？那给你权力干啥使的？"[②]

徐某与法官的对话冲突所展现的是一种生活逻辑与法律逻辑难以进行有效沟通的状态。由于缺乏对法律知识的准确掌握和理解，徐某在诉

---

①　强世功：《乡村社会的司法实践：知识、技术与权力——一起乡村民事调解案》，《战略与管理》1997年第4期，第103—112页。

②　此为郑福珺与徐某的对话，时间为2016年1月14日。

讼博弈中与厂方以及法官处于一种信息不对称的地位，因此产生出一种对法官或对方幕后操纵结果的怀疑态度。这也是其难以接受判决结果的原因。

2. 对法律体系的认知区别

徐某与李某对于法律以及法院的地位、作用的认知与评价也存在着差异，这种认知的差异也影响了现实中的行为方式、策略选择以及冲突程度。

李某说："法律弹性太大，法制不健全，法律受人的影响还是比较大的，行政干预太厉害。"[1]

徐某说："名义上法律大，实际上有些人拿国家的法律当儿戏了，这就叫腐败，肆意践踏共产党的法律和政策。"[2]

从文本材料可以看出，李某与徐某对于法律地位作用的认知存在相似之处，他们都认为官权对司法具有统摄性影响。[3] 虽然如此，两者的重要区别在于他们的着眼点不同。李某认为法律受行政体系的影响，但他是以一种比较超脱的实然态度论及的。他认为"法律弹性大""法制不健全""行政干预厉害"，均是一种就事论事，是以一种自我拉远的观点（self-distanced perspective）来分析法律的地位。

而徐某则是着重于以一种自我浸入的观点（self-immersed perspective）来论及官权对于司法的影响，"拿国家的法律当成儿戏"，其种种话语所体现出的是他认为法律应该如此却未能如此的痛心疾首的态度。这种对法

---

① 访谈时间为 2016 年 7 月 13 日。

② 访谈时间为 2016 年 1 月 14 日。

③ 吴毅：《权力—利益的结构之网"与农民群体性利益的表达困境——对一起石场纠纷案例的分析》，《社会学研究》2007 年第 5 期，第 21—45 页。

律应然性的态度，使得他认同具有神圣象征意义的法律，而排斥具有实然性的受官治影响的法律，从而产生了对于法律与法律运行的分裂性认知。在现实中，他依然期待"青天"的出现，始终相信法律的终极正义终将会落实。

徐某说："不过，我相信共产党的政策和法律，早晚有一天，腐败分子都得落网。中央现在反腐力度还很大。"[1]

区别于徐某应然性的法律认知，李某将法律看成是具有实践性意义的一种工具性存在。用他的话来说，法律是一种武器，故而个体可以通过策略与行动而对结果产生作用。在这种实用主义的法律态度之下，基于经验认知，他认为终极正义有可能是不存在的。

李某说："要我来说，80%的法律还是管用的，那20%从法律上讲就是调解，从民间来讲就是和稀泥，糊里糊涂的。要我来说，要论公平、公正、正义，我不能给它们评100分，但是反过来讲，你没有法律这个武器也不行。

我访问过，就是到了北京，也不一定能明明白白处理这个事哩。"[2]

总之，徐某认为法律应是神圣的与正义的，李某却认为法律实际上是实用的和非完全正义的。徐某相信"青天"是实有的，正义最终是可以实现的。李某却相信"青天"是虚无的，正义是不可能完全实现的。是故，按照尤伊克和西尔贝的分类，可以说徐某属于敬畏法律的，而李某则属于利用法律的类别。正是李某对于法律的实用主义的态度，他寻求纠纷的解决并不会拘泥于诉讼与上访的差别，他打官司并非全然出于

---

[1]　访谈时间为2016年1月14日。

[2]　访谈时间为2016年7月13日。

他对法律的相信，就像他上访也并不一定出于对"青天"的相信。[①] 法律和上访都是他的一种权宜性的、策略性的手段，一种维权博弈中的工具。而徐某则相信一种象征意义的、只在自己想象中存在的"法"。[②] 由于在象征层面上的，法具有模糊性和包容性，他可以根据自身的理解去诠释法律。徐某依托自己对法律的建构和想象，构建了他对于他所建构法律的认同，基于这种认同，他始终期待正义的最终实现。

（二）对法律运行的认知与归因

两人的诉讼都具有长期性，两人都经历过多次败诉（详见附录1和附录2）。两人对于法律的不同认知导致了他们对于败诉事件的归因有着明显的不同。徐某认为法律本身是正义的，之所以败诉是由于法官的贪赃枉法。而李某不认为法律是全然正义的，故而他将败诉归因于制度的因素。

徐某说："你贪赃必然枉法，枉法必然贪赃，这就是证据。他要不贿赂法院、公安局，他不会不按法律规定给我办的。"[③]

李某说："胳膊掰不过大腿……我那时有个表呢，明摆着有什么东西，为什么不能给我？但是一想，就是这个政策，不能公平了。"[④]

两人的相同之处是，他们均将败诉归因到外部因素上，对消极事件进行外在的环境归因，可以被看成个体的一种有效的心理防御机制。但区别

---

① 应星、汪庆华：《涉法信访，行政诉讼与公民救济行动中的二重理性》，吴敬琏、江平主编，《洪范评论》（第3卷第1辑），中国政法大学出版社2006年版，第191—221页。

② 陆益龙：《法律性的社会学建构——评尤伊克和西尔贝"法律的公共空间——日常生活中的故事"》，《社会学研究》2006年第6期，第226—237页。

③ 访谈时间为2016年1月14日。

④ 访谈时间为2016年7月13日。

在于原因的稳定性层面。所谓的原因的稳定性，指一种原因的持续性，它是否随时间变化而改变。归因动机理论认为原因的稳定性影响着未来成功或失败的主观可能性。徐某将败诉归因到人的因素上，其原因是不稳定的，因为未来仍有遇见一个公正廉洁法官的可能。在徐某的主观层面，未来胜诉是可能发生的，所以他选择了继续坚持自己的诉讼行动。相反，李某将败诉归因到制度因素上。制度因素通常而言是稳定的，是不太会随着时间而变化的。因而，在李某的主观层面，未来败诉依然是要持续发生的，所以他最终放弃了自己的诉讼行为。总之，原因稳定性的差异是导致二人持续诉讼抑或放弃的重要因素。

另外，两人对法律运行的不同认知也影响了他们对待他者所具有的不同态度。徐某认为法律是正义的，自己是有理的。基于一种对法律应然性的认知，他将失败归因到法官的贪污与电厂的行贿上，故而对法官与电厂产生了一种深切的质疑与愤怒之情，他对法官与电厂的言语攻击也是源于此。而李某基于对法律实然性的认知，他将败诉归因到制度上，则不会对法官与镇政府产生此种质疑和情绪。由于他认为法律是有弹性的，受人的因素的影响，故而他致力于与法官建立一种和谐良好的关系，并将之视为一种"资源"。

徐某说："反正我在这，你说我胡闹，我就是胡闹到底，我不怕你说胡闹。我该说个理说个理，我该写我的材料就写我的材料。咱也不办出格的事。你再开庭，你还要胡说八道，我照样骂他。"[1]

李某说："曾经有个书记说过，李某这个人不用操心，他绝对不和咱胡闹。你找人家说事呢，你找人家胡闹？和人家吵一回，问题也解决不了，

---

[1]　访谈时间为 2016 年 1 月 14 日。

让人家反感。如果对你有意见还能不坑你么？后来这些人都对我不错。"①

（三）纠纷应对方式的对比

对比李某与徐某在实践中的纠纷应对模式，可以发现两人在应对纠纷的策略选择、行为方式等方面存在着明显的差异（如表6-1所示）。具体而言，在应对纠纷时，李某在策略选择上采取的方式是依据情境不同，上访与诉讼交替使用。相反，徐某则一直执着于采取法律诉讼的手段。在行为方式上，李某采取威胁与合作兼用的策略，随着时势变化而在行为上时而进取，时而退让。相应地，徐某采取的是缺乏主体性的诉苦的方式，寄希望于强大的国家力量对其苦难的改变。在人际沟通上，李某为实现自我利益，对他者虽不乏具有进取性的针锋相对的行为，但却始终贯穿着自我节制的精神，确保了人际关系的和谐。相应地，徐某在与人协商时采取只进不退的行事风格，表现出一种对自我节制精神的违背，而他对他者过分的言语攻击，破坏了人际关系的和谐。李某最终放弃诉讼，反映出的是一种自我节制的理念和全局观。而徐某坚持继续进行诉讼，体现出他自以为义的态度。

表 6-1　李某与徐某纠纷应对方式的对比

纠纷应对方式	李某	徐某
策略选择	"两条腿走路"	"一条路走到底"
行为方式	威胁与合作并用	诉苦
人际沟通方式	自我节制 针锋相对	反节制：只进不退 反和谐：言语攻击
放弃/坚持的理由	差不多原则、全局性视域	自以为义

从他们的纠纷应对方式的对比分析中，可以发现李某的行为体现出了中庸实践思维的特性，徐某则具有反中庸实践思维的特征。进一步分析两人在行动上体现出的实践思维（如表6-2所示），可以发现，首先，中庸

---

① 访谈时间为 2016 年 1 月 18 日。

实践思维与反中庸实践思维在认知上分别表现为"多方权衡"的全局性与"囿于一隅"的局限性,前者的认知呈现出开放性,而后者的认知呈现出闭合性。其次,在动机上,两者分别表现为"恰如其分"的节制性与"有己无人"的反节制性,前者呈现出对自我与他者需求的双重关注,而后者只体现出对自我一方需求的高度关注。最后,在行为上,两者分别表现为"因时制宜"的权宜性与"固守成规"的僵化性,前者体现出一种依据形势而变化的能动性,后者则体现出一种不变性。

表6-2 中庸实践思维与反中庸实践思维要素的对比

	中庸实践思维	反中庸实践思维
认知	"多方权衡"的全局性	"囿于一隅"的局限性
动机	"恰如其分"的节制性	"有己无人"的反节制性
行为	"因时制宜"的权宜性	"固守成规"的僵化性

(四)法律认知与纠纷应对方式

道家讲求"以理化情",他们认为情起于人对于事物的不了解。对于事物有了解者,能宽容。知事物的变化是遵循一定的理,其如此系不得不然。故对于顺我的事物,不特别喜爱,对于逆我的事物,不特别怨恨。[①]《庄子·达生》上说:"复仇者不折镆干。虽有忮心,不怨飘瓦。" 心理学的一些相关研究也有类似的结论。就个体心理层面而言,对事物规律的深入认知和理解可以消解感情所造成的痛苦,从社会层面而言的,可以化解对于他者所产生的怨恨。

对现行法律的认知与理解亦有如此作用。个体对法律的不同认知与理解会影响个体自身的态度、情感,并进而影响其行为方式、策略,以及对待他人的方式。李某看待法律具有一种全局感知,能够客观地理解法律的

---

① 冯友兰:《新世训》,三联书店2007年版,第133—156页。

实际作用，并掌握法律的相关知识。他将法律看成一种实用性的武器，对于他来说诉讼和上访并无本质区别，只是一种依据情境灵活使用的权宜性工具。基于这种对法律的理解，他将败诉归因到制度上，故而他对于法官与对手不会有特殊的怨恨之情。在对待他人的方式上，他讲求"以和为美"，这也与他对于法律与法律体系的理解有关。

徐某未能跳离"自我"的认知视域去理解法律，他囿于自我的认知，认同于一个只具有象征意义的法律，并将所有的期待寄托于此，导致了其行为策略的单一性。也使得了当实际中的法律运作与他所认同的象征性法律出现不一致时，他将之归因为特定的个体对法律的践踏与破坏，产生了对有关他者的愤怒之情。在对待他人的方式上，针对有关他者的指责与谩骂也是源于此。

在人们实际活动的日常生活场域中，体现着两股相互拉扯着的基本力量：一股是具有制约人之行动的定型结构力量；另一股则是出诸人之自由意志的主体能动力量。[1]吉登斯认为，在社会实践中，行动者的行动既维持着结构，又改变着结构。结构对于行动者既是一种资源，亦是一种制约。我们认为，个体对于结构的认知，是介于行动与结构之间的中介因素。个体对于法律的不同认知方式使得个体会对规则和资源构成有着不同的解读。不同的法律认知方式会使得个体使用不同的行动策略去实现其行动的目的。不同个体运用中庸思维或反中庸思维来应对纠纷冲突，体现出的正是这种不同。

---

① 叶启政：《拆解"结构—能动"的理论迷思——正负情愫交融现象的理论意涵》，《社会》2013年第4期，第1—34页。

二、两个土地案例的对比分析

后两个案例均是关于土地的纠纷，宋楚河与宋嘉的纠纷主要是关于土地租赁的合同纠纷，而刘祖田与项志远的纠纷主要是关于土地使用权归属的争议。两个案件具有一些相同之处，首先，两个案件都发生在农村，涉及两个家庭之间关于土地的冲突。在审理过程上，这两个案件都历经了数次诉讼，且都被中级人民法院发回重审。两个案件均历时 4 年，案件双方当事人之间的纠葛较深。并且两个案件均经历过法院的调解过程，区别在于一个案件达成了和解，另一个案件却调解失败，至今仍处于持续的冲突之中。我们将两个较为相似的案件进行对比，意图探寻调解达成与调解失败产生的各自原因，并从中分析中庸实践思维与反中庸实践思维在此过程中产生了何种影响。

（一）法官与"土律师"作为调解者的差异

宋楚河案与项志远案都曾被中级人民法院发回至金镇法庭重审，在重审过程中，两案都曾由第三方介入进行过调解，但是充当第三方调解人的角色有所差别。宋楚河案主要是由原告的律师李成作为调解人，项志远案则是由金镇法庭法官郑福珺作为调解人。对比两个调解人对案件调解过程与调解方式的差异，可以发现二者在两个方面有显著不同。

1. 对全局的认知差异

调解不同于判决，调解要在双方自愿的前提下达成协定。作为一个调解人，必须要提出两方都能接受的调解方案。故而，为了提出一项整合式的调解方案，调解人需要掌握对立双方追求目标的精确信息，了解构成冲突双方立场之基础的潜在利益，才能找到能与另一方潜在利益一致的利益点。[①]也就是说，调解人必须深入地掌握和了解对立双方的情况，并在认知两端的基础上寻找"恰到好处"的中间点。这就要求调解人对于双方具有整全的认知。

法官与"土律师"是两个不同的群体类别，法官作为一个外来者处理乡民纠纷，他们一般与乡土社会保持着陌生化的状态。并且，由于角色的限制以及工作量等的影响，法官一般难以深入掌握相关当事人具体的信息，如个性、品行、家境、潜在诉求，以及事情的详细由来、争议的潜在焦点等。其实，在司法实践中，一般也没有必要对案件的具体细节、产生由来、历史背景等有特别深入的了解。因为，在法律上，案件的事实是否清楚并不取决于法官对事实的细节有多少了解，而是这些事实的社会界定是否明确和稳定，也就是说，是否有充足的证据支持所述涉及案件争议的事实。[②]在司法审判中，法官不具有对案件以及当事人某些特定细节的认知往往并不存在问题，但是在调解中，作为调解人的法官对于案情与当事人具体情况的不了解则会产生较大的问题。

郑福珺说："当时那个人很生气，他跟我吵，但是有句话他还说得挺有道理的。他说，你都没有去亲自调研过，你没有去我们村里走访过，没有了解过我们家的情况。你凭什么在这儿说话，你凭什么说我们赢不了。你就是判得不公平。其实他说这句话还挺有道理的，就是你没有到村里了解他的情况，比如去村里打听他们之前的恩怨，案子的情况，前因后果。如果有的话，如果具体情况都了解，如果有个中间的土律师或者什么人介

---

① ［美］狄恩·普鲁特、金盛熙：《社会冲突》，王凡妹译，人民邮电出版社 2013 年版，第 240—241 页。

② 苏力：《送法下乡》，中国政法大学出版社 2000 年版，第 222 页。

入的话，也有可能调解，当时还有回旋的余地。"[1]

"土律师"或者乡村法律工作者是指虽不具有律师资格证，但具有一定的职业资格，且能够承担在特定区域提供法律服务功能的人。由于他们本身就生活在熟人社会中，是地方性知识的载体。[2]加上他们人熟、地熟、情况熟，并能够深入现场了解当事人以及案件的具体情况，所以可以对当事人和案件信息有一个全景式的认知。

李成说："我首先得知道他们争议的焦点在哪儿，起因在哪儿，差距在哪儿，现场是什么状况。必须要经过一个对现场的考察、考古过程。情况必须了解透。比如，原来我接手了一个案子，我和一个派出所的警察关系不错。我首先就开上他的警车，到那去照照相，你告诉我那个地方在哪儿呢，我必须到现场看一看。那我就知道是咋回事了。"[3]

两相对比可以发现，同样作为调解人，项志远案中的法官与宋楚河案中的"土律师"，首先在对对立双方当事人以及案件事实的掌握程度上存在着较大的差异。对于案件以及当事人的认知程度决定了调解人是否能够深入内里挖掘当事人潜在的利益连接点，并提出一些可行性方案。这种认知程度也影响了调解人运用何种调解方式和策略来对双方当事人进行说服工作。

2.对于文化构念的运用：单一与双元

可以说法律系统与日常生活代表了两种文化，一种是注重形式逻辑和

---

[1]　访谈时间为2017年2月20日。

[2]　郭松、肖仕卫：《穿梭于两种知识之间：律师作用新解读——以农村"基层法律服务工作者"为例》，《中南民族大学学报（人文社会科学版）》2007年第4版，第136—140页。

[3]　访谈时间为2016年7月26日。

程序正义的法律文化，另一种是讲求以情理为核心的地方性知识。一旦具有地方性知识的个体进入法庭，都或多或少地接触到第二种文化——法律文化。然而，这并不意味着凡是进入到司法场域之中的人均为双文化个体。因为所谓的双文化个体，指的是接触到并且同时将两种文化加以内化，并使两种文化系统在不同情境中指导他的思维、情感和行为的个体。① 从内化的角度考量，法官以及律师群体是最有可能产生出双文化个体的人群。

然而，从两个关于土地案的调解过程中可以看到，相较于宋楚河案中的土律师李成，项志远案中的法官并不能算是一般意义上的双文化个体。因为项志远案的法官在调解的过程中，其使用的文化构念网络，并未受情境线索所驱动而发生相应的转换，产生与文化情境一致的认知与行为。也就是说，在调解的过程中，该案法官的文化构念网络一直保持着法律文化的架构，未因情境的需要，而将其认知与行为调整到地方性知识的构念当中去。从这个角度上讲，项志远案中的法官表现出的是一种单文化个体的特性。

郑福珺说："我们就是纯粹作为一个法律工作者，直接为他们调解，就是单纯从法律角度来调解。甚至我说的那么使他生气的话也都是从法律角度说的，例如'从正义的角度来说，你赢不了，你还是接受这个调解吧，你赢不了，就算是你打官司你也不能赢啊'，就是这样。"②

与此相反，宋楚河案中的"土律师"在调解的过程中则展现出了个体在不同情境之中的文化框架的转换性。这种文化构念的可转换性体现为针对不同的对象运用不同的文化框架去沟通。与法官和与当事人进行沟通时，

---

① Hong Y Y，M W Morris，C Y Chiu，et al. "Multicultural minds: A dynamic constructivist approach to culture and cognition"，*American psychologist*，vol.7，2000，p.709.

② 访谈时间为 2017 年 2 月 20 日。

"土律师"李成明显运用了不同的文化框架。并且，作为双文化个体的调解人，在调解说服当事人的过程中运用了双重文化的视角，从法律与地方性知识两个方面来对于当事人的利弊得失做出阐释和判断。这意味着双文化个体不仅仅是依据情境、对象而"历时地"变换文化构念，并且也在同一对象中同时地、混合地运用两种文化构念。

在这两个案例中，法官与"土律师"都接触并内化了两种文化，即地方性文化与法律文化。但是，在调解的过程中，单一的法律文化指导着法官的认知与行动，而"土律师"则运用了双元文化构念参与调解过程。究其原因，其中比较重要的一点是"土律师"的社会角色使得他们在事实上发挥了沟通两种知识的作用，"土律师"的作用是促成两种知识以及生活在两种知识中的人之间的互相调试。[1] 由于两种知识或文化构念框架在"土律师"工作过程中的频繁运用以及互相转换，提高了"土律师"对于这些知识或者文化框架的长时通达性（chronically accessible），使得"土律师"对于两种文化有良好的熟悉度，并且能够快速转换文化构念框架，对于不同的文化图式具有良好的组织和整合能力。[2]

（二）当事人的思维方式与冲突的性质

台湾学者黄𪹚莉根据因"问题焦点化"与"情绪的扩升化"，将冲突分为实性冲突与虚性冲突。所谓实性冲突，是指双方的争议纯粹针对具体可辩的事由，无情绪等其他无关因素影响其过程与问题的实质解决。然而，

---

[1] 郭松、肖仕卫：《穿梭于两种知识之间：律师作用新解读——以农村"基层法律服务工作者"为例》，《中南民族大学学报（人文社会科学版）》2007年第4版，第136—140页。

[2] 杨晓莉、刘力、张笑笑：《双文化个体的文化框架转换：影响因素与结果》，《心理科学进展》2010年第5期，第840—848页。

随着矛盾的激化，实性冲突极易转化为虚性冲突。所谓虚性冲突，是指激化的情绪模糊了冲突的焦点的冲突。虚性冲突中充满紧张性、威胁性以及爆发性的情绪倾泻或攻击性行为。虚性冲突经由冷静化，可以转化为实性冲突，或不断扩大，导致关系断裂。①

根据黄曬莉的分类，宋楚河案一直围绕着土地租赁合同以及租赁价格而展开，而未引发情绪激化模糊矛盾焦点的情况产生，所以属于实性冲突。而在项志远案中，土地使用权的争夺伴随着被告激烈的情绪性反应，被告的焦点亦由土地使用权问题扩展到面子等问题，故属于虚性冲突的范畴。我们认为，冲突的性质受双方当事人思维方式以及其所引发的行为方式的影响。

在宋楚河案中，双方当事人因为土地租金价格问题而产生争议，虽然原被告分别具有不同的目标和认知，但从根源上都是基于利益的考量。原告认为现今的租金不公平，也主要是从利益角度的考虑，其感知到不公平是因为比别人"隔了二三十倍"，其中并未掺杂太多的情感等因素。而被告虽然"倔强""认死理"，但是其终究追求的是利益要素，即该地最终的使用权归属。即使是当时不同意地租上调时，也是出于经济成本考虑。由于当事人双方都以工具理性为最初的出发点和落脚点，故在此案件中，其冲突的性质基本是实性冲突。

李成说："关键是被告这个人挺倔强，就坚持一个死理，这块地可不能跑了啊。因为啥？因为他有私心。主要的私心是啥，村委会一到期还不给你终止哩？我也得等待这个时机啊，这是我的愿望啊。（他有这个私心，他还不给人家稍微涨点钱？）他才喂了六七只羊啊，他一只羊卖几个钱？

---

① 黄曬莉：《华人人际和谐与冲突》，重庆大学出版社2007年版，第95—97页。

也卖不了几个钱。羊还一直死，现在只有三四只哩。这么大的院子，只有三四只羊哩。"①

　　然而，项志远案的情况则截然不同。虽然原、被告双方也都是由于利益的争夺而产生冲突，但是由于被告所具有的反中庸思维特性，使其最终的目标已经从追求经济利益转变成追求"面子"或出一口气，其经济考虑已经与意气之争结合到了一起。有学者认为，在村庄内部的人际关系之中，经常会出现"为气而斗争"。一些冲突并不完全是基于利益，而是相当程度上是基于一种伦理的紧张或人格的冲突甚或情绪的爆发。② 在被告混同化的认知里，所谓"彻底的赢"是指在零和思维影响下，坚持以一种不给对方留有任何余地的方式，获取彻底的利益上的胜利。这种胜利对于被告并非仅仅意味着利益获取的最大化，还意味着情感的彻底抒发（"出一口气"）、面子的最终获得（"向村里人证明胜利"）。

　　郑福珺说："这个案子调解不成，你觉得因为啥？

　　就是因为被告很敌对、很抗拒。然后我们就是没有办法调解。其实，原告诚心想调解，但就是调解不成。反正被告很强硬吧，一直没有表态。这还是和被告的态度有很大的关系，基本上是决定性关系。他们更加想从这个事情上获得一种彻底的赢，来向村里人证明他们的胜利，向村里人、熟人社会、周围人证明他们的胜利，来出一口气。这就是所谓的彻底的赢，要赢得很彻底。他们在这里面有很大的考量，所以他们很难被一般的利益打动。"③

---

① 访谈时间为 2017 年 7 月 26 日。

② 应星：《"气"与中国乡土本色的社会行动——一项基于民间谚语与传统戏曲的社会学探索》，《社会学研究》2010 年第 5 期，第 111—129 页。

③ 访谈时间为 2017 年 2 月 20 日。

在徐某案中，我们曾归纳出反中庸思维的特征在于"执于一端"。即认知上是"囿于一隅"的局限性，动机上"有己无人"的反节制性，以及行为上的做事激进、不留余地。在项志远案中，被告对于案件有种自以为义式的、混同化的认知方式。这是一种以自我为参照架构的认知方式，一种反整全观的视野，而不是以包括对方和自己在内的整个行动体系为参照架构。这是一种独白模态，而不是中庸理性所具有的对话模态。① 项志远拒绝任何调解方案，坚决不妥协的态度，体现出的就是一种在动机上"有己无人"的反节制性，以及在行为上激进而不留余地的行事作风。正是由于被告项志远所具有的反中庸思维，此案件冲突性质一直处在虚性冲突的阶段，在法官试图做出调解时，因被告的反中庸思维方式阻碍了冲突从虚性冲突转化为实性冲突的可能。

（三）达成和解的必要条件

从两个案件失败与成功的经验中，通过对比，可以提炼出冲突达成和解的一些必要条件。我们认为，调解人与冲突双方当事人具有何种实践思维方式，对于冲突是否能够成功和解具有重要影响。具有中庸思维的调解人，以及不具有反中庸思维特征的双方当事人更可能达成和解。相反，不具有中庸思维的调解人，以及冲突中一方或双方具有反中庸思维的当事人，有可能不容易达成和解。

所谓调解，一般而言指的就是折中妥协，即双方各退一步，虽因退让而有所亏损，但也都各有所斩获。调解者并不像法官或仲裁者那样来判断案件孰是孰非。他只是"管事不管错"，"讲和不讲理"，以不伤和气为

---

① 张德胜：《儒家思想与现代性：存在的、理论的和方法的含义》，《江苏社会科学》2009 年第 1 期，第 13—19 页。

原则来促使对立双方互相达成妥协的"和事佬"。[①]在两个案例中，可以对比看出，作为一个成功的调解者或"和事佬"，应当具备两种资质：其一是对于全局的认知能力，即对两级背驰的对立双方的情况有一个深入而透彻了解的能力。其二是转化他者的能力，即能将原本具有工具理性的双方当事人"拉"向一种"恰到好处"的中庸状态的能力（如图6-1所示）。

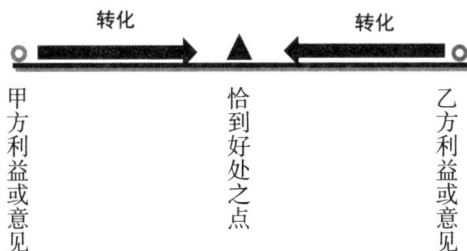

图6-1　调解者的"执两用中"之法

首先，作为调解者，只有具备对案件当事人的全局性认知，才能逐渐找出一种达成妥协的"恰到好处"的折中之点。如同宋楚河案的调解人李成所做的那样，只有对案情有了深入的认知，才能够发现了隐藏在双方表层利益之下的更基本的利益，在此基础上进行整合，找出冲突双方的利益连接点。相反，项志远案中的法官由于事前对案件全局缺乏较为深入的了解，故而其所提出的调解方案未能得到被告的接受，反而引发了被告对于法官的公正敏感。

其次，在对于案件有了一个全局性的认知之后，调解者应当具备的是一种将当事者双方（如具有工具理性的个体）转化为一种中庸状态的能力。这种转化并非意味着将当事人的非中庸思维转化为中庸思维，而是调解者运用自己的中庸思维，运用说服策略将双方当事人原有利益或意见进行转换，以使对立双方尽可能弥合差距，在整体上达成一种"恰到好处"的中

---

① 黄曬莉：《华人人际和谐与冲突》，重庆大学出版社2007年版，第111页。

庸状态。这要求调解者具备一种对二元文化构念的整合与转换的能力。项志远案中的法官只运用了单一的法律文化构念，对不熟悉这一法律文化构念的当事人进行调解，导致了调解失败。宋楚河案中的李成则具备了双元文化思维方式，能够根据情势而"合乎时宜""随时变通"地运用不同的文化构念说服当事人，从而促成了和解。

然而，调解者将对立双方当事人转化为一种中庸状态，这不仅要求调解者具备必要的资质，还要求当事人双方具备一定的条件。在这两个案例的对比中，最为明显的是，如果有一方当事人具有反中庸思维，则往往会阻碍调解的达成。当冲突一方将目标定位于与主题无关的目标（如维持脸面），意味着冲突一方已将自我涉入到冲突之中。而当自我涉入到冲突之中时，个体会越发地注重自我呈现与印象整饰，会使冲突附带较多的情感与价值负荷，并对冲突的结果产生出零和的信念。这就使得对之的说服变得十分困难，因为反中庸思维具有一种"我执"的认知，过度追求自我价值感，在动机上"有己无人"，其行为又容易受到外在评价的影响，表现出一种毫不妥协的态度。这就使得个体缺乏心理弹性，不是很容易被说服，也很难被一般的利益所打动。

并且，具有反中庸思维的当事人往往很容易知觉到他者的敌意，这就使得在调解或者仲裁中，反中庸思维对于调解者自身具有一定的风险隐患。调解者往往会因为反中庸思维当事人的怀疑而不得不放弃调解的努力。而当法官知觉到纠纷中的当事人具有反中庸思维，在审判中则容易采取风险规避的行为，其结果往往是将其纠纷合法地"推出去"。

三、小结

本章分别对四个案件进行了两两对比。前两个案例都是关于个体与组织之间的纠纷，对比两个个体所具有的不同法律认知，以及这种法律认知在个体应对纠纷方式中所产生的作用。通过案例对比可以发现，具有中庸思维的法律意识与对法律的工具性认识相关联。而反中庸思维的法律意识则与对法律的象征性认同相关联。后两个案例关注的是当事人对立双方之间关于土地所产生的纠纷，以及调解人对纠纷的调解过程。对比这两个案件的调解过程，可以发现中庸思维对于调解过程的促进作用，以及反中庸思维对于调解过程的阻碍作用。法院解决纠纷的方式包括审判与调解，调解的方式往往要求双方的退让，是情、理、法的共同作用，其中蕴含了客观的法律与个体所形成的内隐理论之间的对立、混合与协商。

从四个案例的对比分析中，可以看出人们所具有法律意识的复杂性。这种复杂性首先体现在应对纠纷的过程中，个体之间在法律意识上存在巨大差异。个体之间不同的法律意识可以进一步增加纠纷的复杂性与解决纠纷的困难程度。具有中庸思维的个体所采取的是具有权宜性的处理纠纷的方式，可以依据情境和目的采取或进取、或退让、可对立、亦可协商的刚柔相济的方式。具有反中庸思维的个体则采取的是一种略显固定化的处理纠纷的方式，以一种比较具有竞争性的强硬行为，为自己争取不打折扣的权利。人们法律意识的复杂性还体现在，个体的内隐理论与客观法律制度之间存在混融、对立与协商。它体现在中庸思维上是一种思维上的双通道的出现，而体现在反中庸思维上，则表现为二者的混融，其对法律的认知依然夹杂和渗透着个体的内隐理论。

第七章　结　论

天命之谓性，率性之谓道，修道之谓教。

——《中庸》

当个体与他者产生冲突或纠纷，并试图通过法律这部机器来解决问题时，都会面临着不确定性带来的巨大考验。在此种境况之下，个体如何看待与应对此种考验，其所体现出的是主体关于法律的一种意识。这种法律意识一方面受到其所在文化、社会制度与社会环境的影响和制约，另一方面，个体所具有的法律意识本身也对于其纠纷的解决，甚至对于广义的社会秩序产生一定的影响。法律本身不是主动的，法律的运作和社会秩序的产生与维持实则建立在人的行动的基础之上。在法律实践中，人们的法律意识并不是单一的，而是多元的，尤其是在快速变迁的中国社会之中。个体的法律意识也并非是固定的，它会随着个体的情境、社会环境而发生相应的变动。当我们根植于中国基层的法律实践，透过本土的理论框架，可以发现两种具有典型性的法律意识：具有中庸思维的法律意识，以及具有反中庸思维的法律意识。

一、中庸思维与反中庸思维

（一）中庸思维

通过对案例的质性材料分析，可以提炼出中庸思维在认知、动机、行为上的特征，这些特征与量表所测量的中庸思维特征之间也有很多匹配之处。综观中庸思维相关测量量表，也可以发现，在认知层面，无论是中庸信念／价值量表两因子中的拔高视野，还是中庸自评量表构念中的多方慎思、事后反省，都指涉一种对全局与阴阳的感知，以及对认知视野的拔高。而在动机和行动层面，中庸信念／价值量表两因子之中的自我收敛，以及中庸自评量表中的沉着克制，都包含一种人际上的圆融，情绪上的克制，处理事件的沉着应付与不过激。通过综观与对比，可以提炼出中庸思维在应对冲突、解决纠纷中所表现出的如下特征。

1. 全局观的认知

在应对或解决纠纷的过程中，中庸思维在认知上表现为一种全局观（或曰整全观）。这种全局观首先体现在认知之"全"上，它意味着个体对于纠纷双方的情况有深入的理解，对解决纠纷的制度环境背景有较为准确的把握，对于形势的变化有敏锐的感知，并能够从较长的时间段审视局势。其次，全局观亦体现在认知之"冷"[①]上，其意味着在认知事件的过程中有较少的自我涉入，较低的情绪负荷，将自我拉远，将视野抬高，以"止观"

---

① 心理学中将较为理智的、由信息驱动的加工称为"冷"认知，以区别于具有动机性的、具有情感性的"暖"认知加工。如，Metcalfe 与 Mischel（1999）提出冷系统（cold system）的概念，冷系统强调认知系统（cognitive system）的效用，让个体能以较低的情绪负荷来追求目标，并监控达成进度。

（mindfulness）的方式，专注于观察而非评价，客观而冷静地看待纠纷事件，以他者与自我的整个行动体系作为参照架构。

李某对于法律体系的认知，是出于观察而非评价。其对抗对象的选择出于他对于未来的利弊盘算，而非过去的情感损伤。在做出放弃抉择时，是基于全局的、实然的信息收集结果而做出的判断，而非带有自我情感指向的应然性认知。同样，李成在调解土地纠纷之前对于冲突双方纠纷的前因后果、焦点、期待以及双方差距都有着深入内里的认知和了解。从中皆可以看出两者在认知上所具有的全局观。区别只在于，作为第三方调解人的李成，作为利益非攸关方，其自我涉入原本就较少，故其认知体现在对于对立冲突双方信息的整全把握上。而作为纠纷中一方当事人的李某，除了对于纠纷以及法律制度背景的全局性认知外，其在认知上最为明显的特质是一种"冷"认知，即以拔高的视野、较少的自我涉入与较低的情感负荷来看待自身所面临的困境以及制度环境背景。

在认知上，将心理量表中的中庸思维相关特性与本研究所提炼总结的相关特征做对比，可以发现，其在整全观（类似于多方权衡）与冷认知（类似于拔高视野）方面与量表所测量的构念在一定程度上具有一致性。但是，本研究中的具有中庸思维的当事人并未鲜明地体现出对阴阳两极转化的感知，其原因有待继续探索。

2. 自我节制的动机

中庸思维在动机上表现出一种自我节制性。这种自我节制意味着在纠纷解决的过程中，不以自我利益的最大化为依归，而是要在实现自我利益的同时，也照看到对方的利益，亦即对于自我与他方利益的双重关注。自我节制动机也体现在个体对于情绪表达的拿捏上。研究表明，高中庸思维者对于情绪的拿捏是基于一种自主性，个体自主地决定情绪表达与否，而非仅依据社会赞许而"乡愿"地进行情绪表达。[①] 在试图解决纠纷的同时，中庸思维倾向于一种自我节制性，这种节制性对于维持人际关系的和谐，以及实现个体的自我安适感具有积极作用，也就是杨中芳所说的达成内外和谐。

自我节制动机体现在李某的案例中，表现在其采取进取的行动方式中所呈现出的分寸感，譬如采取的威胁、上访、针锋相对等，其行动方式都表现为同时具有进取性与分寸感。在人际互动过程中，个体的情绪表达也具有一种高度的拿捏感。而在调解人身上，这种自我节制则具有使动性。调解人利用说服策略，削减当事人双方的进取性，降低双方的预期目标，使他者的利益需求具有一种节制性，以达成"和合"双方的目的。总之，动机的自我节制性意味着在行动中始终不将个体自我利益的获得或情绪的抒发"极其量"或"最大化"，而是为他者留有余地，以"中"为美，以人际和谐为依归。中庸价值/信念量表中的自我收敛因子，与中庸实践自评量表中的沉着克制的子构念，都与本书中所提炼和指涉的自我节制动机有较大关联。

3. 权宜性的行动

中庸思维在行动上表现为一种权宜性，这种权宜性具体表现为个体在行动时能够依据情境做到"恰如其分"和"灵活变通"。恰如其分是中庸思维者的一个行事原则，即不偏不倚、无过无不及地照顾到各方的情况与诉求。全局性的认知与自我节制的动机是实施恰如其分方案的前提条件。

---

① 　邓传忠：《中庸思维对拿捏行为与心理适应的调节效果》，台湾大学硕士学位论文，2008年。

因为只有具有全局性视域，才能够凭借两端而认知中间。只有在动机中有节制性，才能够恰当地处理两者之间的利益分配关系。而"灵活变通"意味着依据不同的情境、对象而做到的"恰如其分"，亦即能够随境、随时而变易，在实践的过程中因客观处境而不断调整自己的目标和手段。

权宜性的行动在李某身上得到了尤为生动而鲜活的体现。在策略选择上，李某选择了"两条腿走路"，恰当而灵活地依据形势而变换着上访与上诉的策略。在行为方式上，他将威胁与妥协交替并用，在人际互动中，他将自我节制与针锋相对灵活变易，均可以体现出李某作为中庸思维者所具有的权宜性。而在宋楚河案中，李成在行动上的权宜性则集中体现在针对冲突双方不同的情况，"因材施教"地采取不同的说服方式，调解方案体现出了"不偏不倚"和"恰到好处"，以及双元文化框架的权宜性转换。

权宜性或曰权变性也是儒家中庸思想的一个非常重要的行为特质。权宜性作为中庸思维的一个重要特征，在中庸实践思维构念图的策略选择与执行方式部分也有体现。在本研究中，中庸思维的权宜性行动在案例中得到了鲜明而生动的呈现。但是在中庸的诸多量表中，几乎鲜少涉及有关行动权宜性的测量维度，对之的测量还是比较困难。关于中国人中庸之道实践到什么程度，本研究只是通过个别案例呈现出中庸思维的一些典型性的特征，但是对之的系统性研究还尚处于比较初步的状态。

（二）反中庸思维

本研究在法院收集质性经验材料的基础上，结合"中庸价值/信念量表"的非中庸句的内容分析，提出反中庸思维的概念，提炼其相关特征。这使得反中庸思维的提出并非完全是无源之水、无本之木。概而言之，反中庸思维在认知、动机与行为上有如下特征。

1. 片面性的认知

在应对或解决纠纷的过程中，反中庸思维在认知上体现出一种片面性。这种片面性体现为两个方面。首先是认知上的不整全与局部化。它意味着个体看待问题执己方一端之视域，对于他方的立场、感受缺乏换位的思考[①]。对于事物性质的判断具有单一性，而不具有辩证性，非黑即白。对相关制度环境背景没有较为准确的把握，对于形势的变化缺乏敏锐的感知。其次，片面性的认知是一种"暖"认知[②]。其意味着在认知事件的过程中，个体采取了自我侵入的视角，以自我而非整体的行动体系作为参照架构来认知事物。自我的动机或目的影响了其对信息的采择与判断，较高的情绪负荷亦掺杂其中，影响了对事件的判断。具有此种认知的个体往往并非只专注于对于事件的客观观察，个体的主观动机与情感已经注入其认知的过程。其外在表现为个体对于事实的叙述中往往会夹杂大量的主观评价与价值标准。

如徐某以及项志远都认为他们在纠纷中是完全有理的、正义的一方，发生冲突是由于对方的道德品质或人格问题所造成的。他们都将不符合自己期待的结果归因于法官个体的道德和素质问题，产生出怨恨感。他们将自我动机与情感都浸入到对案情的认知之中，在这种认知之下，他们缺乏换位思考能力，所以对于调解不能做出相应的让步。由于他们将自我的情

---

① 关于冲突情境下换位思考的研究见于林升栋的研究《从人际冲突情境的作答反应测量中庸思维》，其研究发现人们在被要求做换位思考时，会降低自己委屈程度的评定，提升对他人关系损害程度的评定。

② "暖"认知是指那些受个体愿望或情感驱动的心理加工，在此种认知下，个体的目标或情绪易使得判断出现偏差。关于暖认知的存在抑或动机和情感对人判断的影响，已经得到诸多研究的证明（Gollwitzer，Moskowitz，1996；Forgas，1995；Kruglanski，1996；Kunda，1990）。

感、期待注入到他们对于法律的认知与理解之中，他们建构了关于法律和正义应该是什么的主观标准，因而拒斥一切不符合他们期待与情感的信息与后果，认为其是非正义和违反法律精神的。

2. 有己无人的动机

反中庸思维在动机或目标上是有己无人的。即对自我一方的需求高度关注，而无视他方的利益需求，缺乏自我节制性。这种动机体现在行为上是一种只进不退的行事作风，故往往不容易被说服去接受具有妥协性的调解方案。在与人的沟通协商中，具有这种动机的当事人往往处于一种独白模态，而缺乏对话性，这就更加大了通过协商解决纠纷的困难。由于过于执着于自我之目的，其思维方式具有零和性，即认为冲突的结果非输即赢，所以往往会采取竞争的策略去应对冲突，而在情绪表达上通常缺乏控制。这样容易引发对方的防御性反应，造成冲突的螺旋出现，致使冲突激化或陷入僵局。此动机往往不利于调和冲突，也容易在一定程度上破坏人际关系的和谐。

在徐某以及项志远案中，由于二者皆对于己方利益过度关注，对于己方立场过分坚持，自以为义，从而忽视了对方（前者为电厂，后者为刘祖田）的利益。故而，在调解中，他们都展现出毫不妥协的做事风格。徐某坚持办理职工社会保险，而不能在替代方案中做出任何让步。项志远坚持自己对土地的拥有权，坚持"彻底的赢"，而不能接受双方在互让基础上的任何妥协折中方案。他们对自身利益的单一关注容易使冲突陷入僵局而不能调解。并且自我导向的动机之中又往往掺杂了情感等因素，致使他们坚持不懈，甚至不惜任何代价地想要去达成他们的目的。

3. 固化与激进的行动

反中庸实践思维在行动上表现为一种固化与激进。行动的固化是相对于权宜性而言的，个体往往会采取一种较为单一的策略方式来应对冲突，并且这种策略往往会一直延续下去，不随情境、对象的变化而发生太大的变化。其次，由于认知上的片面性，以及在动机上对自我的过分关注，其行为还容易表现出一种激进性。个体往往不能对情绪表达进行充分的控制，一些中性或稍显负性的线索即可引发个体的公正敏感，并作出过当的防御性反应。固化的行为方式往往不能适应变动的环境，而激进的行为则容易促使冲突激化，使得冲突双方由实性的利益之争转化为虚性的意气之争。

徐某在行动中坚持沿袭一种传统的诉苦式的叙事风格，以及二十年如一日的缠讼。项志远坚持应诉，无论何种调解方案都绝不妥协让步，都体现了二者在行动上的某种僵化性和激进性。与具有中庸思维的个体试图通过灵活的方式绕过制度障碍，具有反中庸思维的个体则试图以自己百折不回的行动去征服难以跨越的障碍。

（三）中庸思维、反中庸思维的影响机制与相关类型探讨

1. 中庸、反中庸思维的影响机制探讨

杨中芳提出中庸实践思维的构念，并认为其捕捉当今中国社会运作的精髓，暗含了一种认为人们的行为、规范、习俗等受到了中国传统文化影响的预设。也可以认为，中庸思维在某种意义上是一种共享内隐理论（Shared Implicit Theories），即生活在同一社会文化环境中的人共享着某种相同的社会经验，并世代相传，成为了文化传统的一部分。讲求"以中为美""执两允中"的中庸理念被在思想上占据主导地位的儒家所提倡，成为了一种在社会上具有普遍性的文化观念与价值导向。而在当今社会，在阶级分化、价值多元、社会矛盾日渐突出的背景之下，和谐、中庸等传统价值依然被

国家所倡导。关于中庸取向在华人社会是否具有普遍性，张德胜等在香港、台北、广州、天津、新加坡五地所做的价值观调查显示，当代华人一般还是认同中庸的价值取向的。① 可见，中庸思维依然是一种在华人社会中较为普遍的共享内隐理论。

那么，与之截然不同的反中庸思维源自何处，其产生背后有何影响机制？首先，可以确认的一点是，中庸思维与反中庸思维共存于同一社会、人群，或个体内在的认知之中是可能的。心理学研究已证实，互不相融的内隐论可以共存于人们的认知中，人们会在不同处境启动和采用不同的内隐论。② 复杂和不断变化的社会生活会衍生出内容不同甚至互相矛盾的共享内隐论。也就是说，截然相反的共享内隐论可以同时存在于一个社会之中。③ 在变迁中的中国社会，共享内隐论并不是单一的，而是多元的，不是固定的，而是因集体社会经验而衍生，并随社会变迁而演化的、具有动态性的知识结构。反中庸思维的存在必然也有其自身的文化源头和存在依据，并受制度与社会关系的影响而发生变化。

学界对于反中庸与反中庸思维的研究尚不深入，缺乏关于对反中庸思维的源流、发展路径，以及关于反中庸与相应制度、文化关系方面的研究。本研究作为一项对于反中庸思维的初步的探索性研究，对于上述研究问题

---

① 张德胜、金耀基、陈海文等：《论中庸理性：工具理性、价值理性和沟通理性之外》，《社会学研究》2001 年第 2 期，第 33—48 页。

② Dweck C S，C Y Chiu，Y Y Hong. "Implicit Theories: Elaboration and Extension of the Model"，*Psychological Inquiry*，vol.4，1995，pp.322–333.

③ 赵志裕、曲颖敏、陈静：《如何研究社会、文化和思想行为间的关系——共享内隐论在理论和研究方法上的贡献》，杨宜音主编《中国社会心理学评论（第 4 辑）》，社会科学文献出版社 2008 年版，第 151 页。

尚无足够的能力予以回应。但一种社会思维总有其源头与存在的机制。笔者认为，依据反中庸思维的相关特征，其应与中国社会底层传统的抗争亚文化，以及近现代的革命政治文化存在某种程度的亲缘关系。

中国传统民间文学中所流行的"侠客文化"通过侠客仗剑行侠的私力救济手段，来匡扶正义，解民倒悬，其在一定程度上折射出民间百姓的一种特定的法律意识和信仰。[①] 这种"压迫—反抗"式的文化，与传统儒家和官方所倡导的主流文化不同，体现出的是一种社会底层民众反中庸的思维倾向。

而近现代在全国流行的革命政治文化亦与反中庸思维存在诸多类似之处。首先，这种文化体现出一种"两极化思考"，即一种抹煞中间状态的、极端的和单向的思维方式。[②] 这种思维方式将事物一分为二，划分为非此即彼的两面，看待问题非黑即白，非好即坏。革命政治文化同时也抵制和批判中庸价值，认为"所谓中庸、中行，完全是麻痹和欺骗。它要求人民服从既定的政治、社会秩序，安守本分，不反抗，不斗争"。[③] 其次，这种文化讲斗争，而不讲妥协，秉持一种较为激进的行事风格。如倡导"矫枉必须过正，不过正不能矫枉"，倡导斗争哲学，鼓励造反精神。革命政治文化中所体现出的片面性认知、激进性行动与反中庸思维的相关特性较为类似。但是，究竟二者是否存在关联，以及存在何种关联，还有待进一

---

① 徐忠明：《传统中国民众的伸冤意识：人物与途径》，《学术研究》2004 年第 12 期，第52—62 页。

② 黄展骥：《从"中庸"走向"极端"——浅谈我国民族性格》，《兵团教育学院学报》1994 年第 4 期，第 9 页。

③ 吴于廑：《孔孟林彪道中庸 革命人民反中庸》，《武汉大学学报 (哲学社会科学版)》1974 年第 1 期，第 74—81 页。

步探索。

有学者认为，中庸思维可能是一种有设限的主动性的实践。经济发展和社会变革会令社会中的某些限制强化，受影响的人或会更多行使中庸实践思维 [1]。中庸思维在社会中广泛存在，除了传统文化的影响之外，社会因素对个体目标追求的限制的强化应是一种重要的影响机制。研究发现，当个体不能直接控制命运，则倾向于通过行使能动性，与命运控制展开协商，以带来更好的结果。[2]

相反，如若反中庸思维在社会中广泛存在，则亦可能是因为社会中某些限制较强，为一些个体的目标或诉求的达成设置了不可跨越的阻碍。相较于中庸思维发挥一种设限的主动性（bounded agency）不同，反中庸思维则选择另一种方式，试图去突破而非"绕过"限制。这种方式往往不具有"因时制宜"的灵活性，却通常具有"百折不回"的持续性。

本研究将中庸思维与反中庸思维纳入对于法律意识的研究，那么，中庸思维与反中庸思维在司法场域何以成为可能？我们认为，中庸思维与反中庸思维在司法场域的运用是环境与人互相建构的结果。在这种互相建构之下，中庸思维在法庭之中的运用实则是个体诉求（正当的或不正当的）受到制度规范（正式的与非正式的）限制的情况下，个体积极地发挥主体的能动性，与法律规范和司法组织进行协商议价的过程。人们通过一些权宜性的策略，在行动中对法律加以利用，并对其进行一定的解构，"以无厚入有间"，使法律制度创生出一些可协商的空间。

---

① Chaturvedi A，C Y Chiu，M Viswanathan. "Literacy，Negotiable Fate，and Thinking Style Among Low Income Women in India"，*Journal of Cross-Cultural Psychology*，vol.4，2009，pp.880-893.

② 同上。

而反中庸思维在司法场域的运用则表现为个体的主观诉求在受到制度阻碍的情况下，个体所采取的直接性的对垒、反抗、抗争的形式。反中庸思维既受到个体因素的影响，亦产生于制度环境因素对其一定程度上的允许。具有反中庸思维的个体毕竟是在法律规范框架之下，去反抗制度规范对其的负向限制。其对于法律象征性的认同，以及对于法律运作实然性的否定之间的分裂，仍使法律拥有自我复制般的合法性。[①]

2.关于中庸与反中庸思维的类型

中庸具有不同的层次类别。林安梧将中庸看成一种人格分类，并将之分为理念层、常民层及俗流层。他认为三者之间既有"家族的类似性"，也具有十分重要的区别。一般人在日常生活实践中，逐渐由常民层次向上或向下流动。有些真正的儒家知识分子会向上提升为真正具有中庸理念的、有风骨的人格代表，大部分人则向下流动，演变为低俗的中庸人格，为人诟病。[②] 根据以上类型划分，杨中芳以及本书所指涉的中庸思维应属于常民层次。

以上是学者按照对儒家中庸理念的切合程度，而对中庸人格的分类。那么，反中庸是否可以分为不同的层次类别？笔者认为，如果将社会变迁纳入考量范围，反中庸思维可分为两种层次，即传统性的反中庸思维与现代性的反中庸思维。[③] 但在本研究中，由于调查所处地点（城乡结合部）

---

① 刘子曦：《法律意识的两个维度：以业主诉讼维权为例》，《开放时代》2014 年第 4 期，第 133—147 页。

② 林安梧：《跨界的话语、实存的感通——关于〈中庸实践思维体系探研的初步进展〉一文读后》，《本土心理学研究》2010 年第 34 期，第 127—136 页。

③ 至于中庸思维是否亦可按此分为现代性的中庸思维与传统性的中庸思维，笔者认为尚不好确定，有待进一步考量。

和调查对象所限，故只探讨了传统性的反中庸思维类型。

杨国枢在探讨个人现代化的问题时，提出个人传统性与个人现代性的概念，分别指涉传统社会或现代化社会中，个人所最常具有的一套有组织的认知态度、思想观念、价值取向、气质特征及行为模式。[①] 通过实证研究，他认为个人传统性主要包含五个心理成分：遵从权威、孝亲敬祖、安分守成、宿命自保、男性优越。相应地，个人现代性也包含五个心理成分：平权开放、独立自顾、乐观进取、尊重情感、两性平等。[②] 其中，遵从权威与平权开放之间存在显著的负相关，即此消彼长的关系。[③]

基于本研究的质性材料，结合杨国枢有关个人传统性与个人现代性的论述，传统性的反中庸思维与现代性的反中庸思维之间最为显著的区分在于个体是否具备主体性（是遵从权威还是平权开放），以及由此所衍生出的个体对于法律知识掌握与利用程度的问题。传统性的反中庸思维是缺失主体性的。在解决纠纷的过程中，总是试图依赖于一种外界强大的力量（如国家、群众、侠客、清官等），以"情"和"理"为基础的感性层面出发，去达成自己的诉求。本研究中的徐某、项志远所展现的思维方式即为此类。反之，具有现代性的反中庸思维特征的个体则具备一定的主体性，通过自我赋权，"学法""用法"，以法律作为一种维护自我权益的武器，毫不妥协，平等而自主地与他者展开斗争。现代性的反中庸思维的例证也有很

---

① 杨国枢、黄光国、杨中芳：《华人本土心理学（下）》，远流出版公司2008年版，第714页。

② 杨国枢、黄光国、杨中芳：《华人本土心理学（下）》，远流出版公司2008年版，第724—725页。

③ 杨国枢、黄光国、杨中芳：《华人本土心理学（下）》，远流出版公司2008年版，第736页。

多，如一些当事人"以法维权"的行动[①]，一些"死磕派"律师[②]为公平正义所做的斗争等，即为此类，在此不再展开叙述。

二、中庸、反中庸思维与社会秩序

行动与秩序一直是社会学研究的基本主题，社会秩序与个体行动之间存在着密切的关系。亚历山大认为，正是个体的自主性使秩序成为问题。霍布斯认为，人性本恶，依靠内心的道德准则不可能真正避免公地悲剧的发生。故法律等强制性制度权威的出现具有现实性的需要。[③]法律本身就建立在维护社会秩序为目的的基础之上。但是人们对法律的实践具有自主性，正是由于这种自主性的实践给社会秩序造成了一种不确定性。

传统的中国乡土社会是一个讲求"礼治秩序"的社会，教化过程使得人们主动服膺于传统的习惯。随着社会的转型与变迁，现代社会着重于讲求"法治秩序"。然而，如同前文所言，现代性的彰显并非意味着现代性已然替代了传统性，有些时候体现出的是一种现代性与传统性二元杂糅的模态。本书所研究的两种法律意识正反映出了此种模态。那么，中庸思维与反中庸思维作为个体的两种法律意识，对于社会秩序具有何种影响？它们究竟是一种威胁社会秩序的力量，还是对社会秩序产生建设性的作用？这是一个值得深入探讨和研究的问题。

[①]　如西安三轮车夫吕福山状告交警5年讨回三轮车的维权事例。

[②]　在我国，有人将刑事辩护律师分为三派，得到了一些业内人士的认可。此三派分别为："技术派"（凭业务水平执业）"艺术派"（凭社交关系执业）"死磕派"。所谓"死磕派"，即在办理案件过程中，用"死磕"警察、检察官和法官的方式代理或者辩护案件。

[③]　潘泽泉：《社会、主体性与秩序：农民工研究的空间转向》，社会科学文献出版社2007年版，第41页。

（一）中庸思维与社会秩序

张德胜认为，以孔子为代表的儒家具有一种"秩序情结"，对于如何建立社会秩序的问题尤为关注。虽然孔子的终极关怀是宏观的社会秩序，他却试图将建立秩序的手段寄托于个体对于规范的内植上，通过一种教化的手段鼓励自我道德修养，使个体对于社会价值主动服膺。[①] 由此言之，儒家思想对于社会秩序的维护，着重于微观个体层面，而非侧重于制度层面的设计。中庸思想的提出以及倡导无疑也蕴含着儒家对于社会秩序的关注，《中庸》卷首即提出"天命之谓性，率性之谓道，修道之谓教"，讲求通过教育来修正自身的行为，使其符合天道。在中庸理念中，无论是其"内外和谐"的目的，还是"以和为贵""顾全大局""不走极端"的处世价值，都有一种试图通过一种"中庸"修养来实现社会安宁有序的企图。

本书通过中庸实践思维的案例分析也发现，以中庸思维的方式应对冲突与解决纠纷，在一定程度上降低了纠纷的解决成本，对于实现人际关系的和谐，以及缓和并解决冲突较为有利。然而，这种"有利"有时需要加上情境和对象等条件限制，"有利"有时只是针对具体事件的解决而言的。有时，中庸式的纠纷解决方式对于司法正义的实现、对于个体正义的维护具有负面的效应。中庸思维有时过于强调行动的权宜性、权变性，忽视对是非对错的判断，重视对法律工具性的利用，而忽视对法治原则与精神的认同。这会对法律的公正信念、契约精神具有一定程度的侵蚀性。

真理或正义并非永远落在两个极端当中的中庸点，它既可落入"中庸"之点，一样也可落入"极端"之点。是故，极端的观点和立场有时可能为

---

① 张德胜：《儒家伦理与社会秩序》，上海人民出版社2008年版，第47—48页。

真，而中庸的观点或立场有时也或许为假。① 另外，因为中庸具有层级性，当中庸思维落入俗流或常民层，对于"择善固执"的遵守通常是要打折扣的，当对于纠纷的处理并非依据正义规则，而是"无过无不及"的妥协折中，当在冲突中将是非对错淡化，而是以一种"无可无不可"的灵活方式处理纠纷，当人们对待法律不存在真正的信仰与认同，在此种情况下，中庸思维对于个体正义的实现、对于法治社会的形成，乃至对于社会终极秩序的维护，通常会具有负面效应。

（二）反中庸思维与社会秩序

如前所述，反中庸思维与底层抗争亚文化、政治革命文化具有某种程度的亲缘关系。反中庸思维与传统儒家文化"和为贵"之间存在着一种张力。中庸思想的提出就其根源而言是意图维护社会秩序。而反中庸思维通常与一种社会底层的反抗相关联。在某种意义上，反中庸思维对于主流文化所倡导建构的社会秩序具有一种破坏作用。从本研究的两个案例可以看出，反中庸思维的片面化认知、有己无人的动机以及激进的行动有时会激化矛盾，增加解决冲突的成本，对纠纷的解决产生不利的影响。从这个角度而言，反中庸思维对于社会秩序的维护具有一定程度的负面作用。

然而，反中庸思维是否必然会对纠纷的解决造成负面影响，以及对于社会秩序的安宁带来负面效应，笔者认为也不尽然。反中庸思维在某种层面上具有一定的正面意义，如其对于所认同原则的固守与坚持，对于自我权利的关注与维护，以及对于公正的信念与追求，皆与法治精神具有某种

---

① 黄展骥：《评西方逻辑论著："中庸"、"歧义"》，《学术探索》1996 年第 3 期，第 24—26 页。

形式上的契合性。

反中庸思维虽与法治精神具有某种程度的契合，但传统性的反中庸思维终究体现出一种个体主体性缺失的状态。而法治国家的最终价值和社会秩序的归宿在于确认公民的权利本位、权利意识。[1]随着法治进程的深化，一些维权者自主地掌握并运用现有的法律作为武器，通过自我赋权，进行抗争性实践，维护自我权益，其所体现出的是一种新型的具有现代性的反中庸思维。相较于本书所呈现出的传统性的反中庸思维，这种反中庸思维表现出的是一种从主体性缺失到主体性生成的变化路径。它是我国社会转型以及法治进程不断深化的体现，同时也会反过来促进法治国家的进步，监督并制约着法治国家能够更好地促进和保障公民的权利和自由。从这种角度而言，现代性的反中庸思维对社会秩序的再造具有一种积极意义。

三、研究局限与未来的研究方向

本书基于笔者在法院所调查的经验材料，以杨中芳提出的中庸实践思维框架为基本理论架构，试图解读在法院中当事人、法官等在纠纷应对的策略方式中所体现出的两种法律意识。笔者发现，在应对纠纷的过程中，存在有两种不同的法律意识。一种是中庸思维的法律意识，在纠纷应对的过程中，体现出一种全局性认知、自我节制的动机，以及一种权宜性的行为策略。此发现印证了杨中芳所提出的中庸实践思维框架在人际冲突领域中的适用性。更为重要的是，现实中还存在另一种法律意识。其在认知上表现为一种片面性，在动机上关注自我的利益，忽视他者的利益，在行为上比较不灵活，并且容易过激。笔者将具有此种特性的思维方式称为反中

---

[1] 魏健馨：《论公民、公民意识与法治国家》，《政治与法律》2004年第1期，第32—38页。

庸思维，以与中庸思维者做出区分。在纠纷应对的过程中，中庸思维与反中庸思维所具有的不同认知、动机与行为方式会对冲突的走向与结果产生影响。

本研究所选取的案例体现出的表象为，人们对中庸思维的运用缓和了冲突，而反中庸思维的运用则激化了矛盾。但是，这并不能够证明中庸思维一定有利于冲突的解决，而反中庸思维则一定不利于冲突的解决，更不能够证明中庸思维对于法治中国以及社会秩序必然产生积极作用，而反中庸思维则必然具有阻碍作用。由于本研究在地域选择以及对象选择上的限制，本研究缺乏包含现代性的反中庸思维案例，虽然此种案例在当今的社会中，尤其在法律维权领域中不乏其例，亦存在不少成功的案例。[1]

由于本研究所选取的案例具有复杂性和长时性，大部分是依靠当事人的回忆和复述。所以其中所呈现的内容不免会受到当事人的主观裁制，回忆也会因自我图式而产生概化问题。囿于这种研究手段，以及案例选取上的局限，本书研究对象所表现出的通常是一种较为固定的行为模式。这不意味着中庸思维与反中庸思维是一种具有稳定性的人格特质。中庸思维与反中庸思维的引发是否受到特定社会环境的影响，是否可以同时存在于一个单独个体的思维意识之中，并会因特定情境线索而启动，这是一个未来值得深入研究的问题，有待利用实验研究的方法进行证实或证伪。另外，虽然笔者力求在调查中保持价值中立，但是由于笔者接触当事人的媒介是法官，且在调研过程中接触的法官群体较多，或许难免会在立场上受其影响，导致对于某些当事人的认知理解存在一定的主观性。

---

[1] 杨建军、马治选：《当代中国社会的维权行动——以维权类法治人物、案件和新闻为主要分析对象》，《法制与社会发展》2013 年第 5 期，第 54—66 页。

在理论框架上，本研究选择杨中芳的中庸实践思维构念为理论框架，是由于该框架对于本书的案例具有高度的契合性和解释力。然而，无可讳言，杨中芳所提出的此思维体系构念图因涵盖甚广、无所不包而被人诟病。由于此构念图还处于理论的初步发展阶段，故而各个成分、因素、层级之间也存在多重、往复的关系，有时还会出现概念指称不甚明晰的问题。本研究集中于此构念图的具体事件处理部分，虽然范围有所缩小，但还是难以避免此种问题。

本研究运用质性的研究方法，基于案例的归纳提炼，并结合相关测量量表与社会心理学理论，总结提炼出反中庸思维在动机、认知与行为方面的一些特性。显而易见，此种归纳只是来自于个别的、特殊的案例。后续的研究需要开发出有关反中庸思维的相关测量量表，通过一种普遍性的指标体系测量反中庸思维。另外，本研究所提出的反中庸思维概念以及其所具有的相关特性，亦只是一种初步的、未成体系的构念，有待于后续进行体系化。反中庸思维者在认知、动机与行为方式策略之间的联系问题，也需要后续进一步探研。还有一个问题值得思考，即中庸思维与反中庸思维的关系，两者究竟是一个维度上的两极，还是两个不同的维度，因缺乏相关实证研究，此问题现今尚未明确。

本书着意于研究中国常人所具有的法律意识问题，并从中找出两种具有代表性的法律意识，一种为中庸思维的法律意识，另外一种是反中庸思维的法律意识。但是以上两种并不能涵盖中国人所具有的法律意识的全部种类，也许还存在其他种类的法律意识。另外，关于传统文化对于行为的究竟有无影响的问题，中庸实践思维体系实则暗含了传统文化对个体思维方式以及行为方式的影响。但是现有实证研究却并未有明确证据支持传统文化可以影响行为的论点。[1] 还有一点，我们现今也不甚了解，为何一些个体在处理纠纷中运用中庸思维，而另有一些个体则运用反中庸思维应对冲突，是何种因素影响了其特定思维方式的运用。总之，对于中庸思维与反中庸思维的研究终究是一项未济之事业。

---

[1] Matsumoto, David, and Seung Hee Yoo. "Toward a new generation of cross-cultural research", *Perspectives on Psychological Science*, vol.3, 2006, pp.234–250.

附录 1　李某上访与上诉的历程

时间	行动类型	机构	原因、诉讼请求	法院判决	内容与结果
第一阶段					
1993.8.4	起诉	区人民法院		（1993）193号民事调解书①	1.解除双方农牧场合同；2.1993年原告收成按1991年、1992年平均值递增20%计算，由被告给付给原告；3.原告在承包期间新增财产，由双方协商解决，如发生争议，由法院处理；4.承包费待结清后，长退短补；原告贷款与新增财产相折抵，多退少补；5.1993年7月29日后的贷款利息由被告负担。

---

　　① 　原、被告双方在对原告在承包期所投入的财产如何进行处理进行协商，被告坚持只接受用于生产经营的不可移动财产的意见，双方意见不能统一。

续表

时间	行动类型	机构	原因、诉讼请求	法院判决	内容与结果
1993.8	群体上访	市委	要求立即清点财产，赔偿损失		"河东区就一直给我出裁定啊，一项一项地出。"
1994.6.22	长期且频繁地奔走于区委与法院、镇政府之间			协议书	机井、供电设施、四套发电机组和小拖拉机头由李某自行处理。
1994.6.30				（1993）经初字第193号裁定书	被告给付原告固定资产款51506元。
1994.8.18				（1993）经初字第193-3号裁定书	被告给付原告收入款75765元。
1994.9.10				双方达成协议	扣除原告欠被告的款项，被告再支付给原告58019元。(年底已还原告4万元）
1995.2.27				（1993）经初字第193-4号裁定书	被告给付原告39559元。（裁定前，双方对原告承包期间新栽树木进行了清点。）
1995.7.14				双方达成和解协议	上述裁定欠款56400元，被告用一辆"夏利"小轿车抵顶。
1995.12.1				（1995）经初字第193-5号裁定书	被告补偿原告经济损失5961元（裁定前，双方对争议财产和未清点登记财产如何处理进行了协商）。
1997.1.6				（1997）经初字第193-6号裁定书	被告给付原告欠款利息31375.14元。
第二阶段					
1997.8.30	申诉（镇政府）	区人民法院		13号再审裁定	指令再审。
1997.9.2	抗诉	市人民检察院		（1998）2号抗诉书	

时间	行动类型	机构	原因、诉讼请求	法院判决	内容与结果
1998.4	再审	区人民法院		（1997）经再字7号判决书	1.维持193号调解书第1条，撤销2、3、4、5、6条；2.撤销193号裁定书、193-3号、193-4号、193-5号、193-6号裁定书；3.被告付给原告接受财产款、树木款、丢失财产款、1993年收入款共计175792元，已付129976元，尚余45815元；4.原告付给被告承包费、财产款、违约金、农业税等共计45815元；5.以上第三项被告应付原告款与第四项原告应付被告款互相抵清。
1998.3.6	起诉	区人民法院			按撤诉处理（李某否认自己撤诉）
1998.5-1998.6	上访	省高级人民法院、最高人民法院	7号判决不公；要求恢复上诉权利		将高院批示给中级人民法院院长夏宇
1999.5	起诉	区人民法院	要求被告返还财产，赔偿五年来的财产使用费	（1999）民初106号裁定书	纠纷已解决。驳回原告的诉讼请求。
1999.7	上诉	市中级人民法院	不服原审判决	（1999）民终字第1251号判决书	双方已达成协议，应按原协议执行。驳回上诉，维持原判。
2000.3.21	上诉	市中级人民法院		（2000）4号裁定书。	原判决适用法律错误，指令区法院重审。
2001.8	重审	区人民法院		（2001）再初字第17号判决书	1.维持7号判决书第1、2、4条；2.撤销7号判决书第3、5条；3.被告付给原告接受财产款、树木款、丢失财产款、1993年收入款共计175792元，已付124361元，尚余51430元；4.以上第3项与原判决第4项相互折抵，被告应付给原告款5615元，应在判决生效十日之内一次性给付。

续表

时间	行动类型	机构	原因、诉讼请求	法院判决	内容与结果
	上访	北京、省城相关机构			"我见到北京、省城打官司的人，好多年了官司也没有眉目，我就转变了思想。"
2002.5.21	上诉	市中级人民法院	不服原审判决（17号判决）	（2002）经再终字第3号判决书	驳回上诉，维持原判。
2002.12.6	起诉	区人民法院	要求被告赔偿占用电力设施、机井的经济损失、丢失财产款，清点财产遗漏树木款。	（2002）经初字第110号判决书	驳回李某要求赔偿清点财产时漏掉的树木款的诉讼请求。（前两项已有生效判决作出处理，原告可按申诉处理。）
2004.2.27	申诉	市中级人民法院	不服第3号民事判决	（2003）经监字第3号驳回申诉通知书	驳回申诉。
2010	申诉	省高级人民法院	家禽丢失赔偿；机井电力设施使用费；树木款未做处理部分赔偿；调解协议中的利息款未执行。	（2010）民审字275号裁定书	驳回申诉。
2012.2.28	申诉	最高人民法院	1. 承包费计算差2333元没有纠正；2. 要求执行193-6号民事裁定书，7月29日后的贷款利息由镇政府承担；3. 支付机井电力设施的使用费。		驳回申诉。

附录2　徐某的诉讼历程

时间	类别	机构	事实及理由	结果
第一阶段				
1996.8.3— 1997.3.6	起诉	区法院金镇法庭	因反映种鸦片被打击报复，要求撤销除名、赔偿经济损失	驳回诉讼请求（379号判决）。
1997.4.2— 1997.11.20	上诉	市中级人民法院	不服原判决	驳回上诉，维持原判（542号判决）。
1998.7.21— 2000.5.23	申诉	市中级人民法院审监庭	终审判决事实认定错误，不存在旷工行为	维持原判决（30号驳回申诉通知书）。
2002.6.5— 2008.2.20	申诉	省高级人民法院审监庭	不服终审判决	指定中院再审（17号裁定）。
第二阶段				
2008.8.20①	再审	市中级人民法院	省高院指令再审	撤销379、542号判决，发回区人民法院重审（理由：事实不清、证据不足）（34号裁定）。
2009.8.6	重审	区人民法院	市中院指令重审	撤销除名决定；发放待岗期间生活费；驳回其他诉请（7号判决）。

---

①　由于材料不全，具体上诉和判决的时间断不明，至此以下的时间皆为判决书或裁定书的落款时间。

续表

时间	类别	机构	事实及理由	结果
2010.5.3	上诉（厂方）	市中级人民法院	不服重审判决	驳回上诉，维持原判（80号判决）。
2010.12.15	申诉（厂方）	省高级人民法院	不服上诉判决	指令再审（1748号裁定）。
2012.6.13	再审（厂方）	市中级人民法院	省高院指令再审	维持原判（74号判决）。
2012.11.23	申诉	省高级人民法院	不服再审判决	指令市中级人民法院再审（266号裁定）。
2013.10.28	再审	市中级人民法院	省高院指令再审	撤销74、80、7号判决；撤销除名决定；支付徐某生活费81088元；驳回徐某其他诉讼请求。（37号判决）
时间不详	申诉（厂方）	省高级人民法院	不服中级法院再审判决	驳回再审申诉
2014.4.16	抗诉（厂方）	市检察院	不服中级法院判决，申请监督	不支持监督申请
第三阶段				
2015.12.5	起诉	区人民法院金镇法庭	因打击报复被除名，要求1.恢复厂籍，接续工龄；2.厂方缴纳养老保险、医疗保险等；3.办理退休手续	不属于法院的受理范围，驳回起诉（1303号判决）；有判例。
2016.2.23	上诉	市中级人民法院	不服区法院判决	不属于受理范围，驳回起诉。
2016.5.4	申诉	省高级人民法院	不服市法院判决	案卷退回（原因未知）。
2016.11.29	申请执行	区法院执行局	要求执行37号判决撤销除名决定事项	（未完待续）

参考文献

［1］Bar-Anan Y, Liberman N, Trope Y, et al. Automatic Processing of Psychological Distance: Evidence From a Stroop Task ［J］. *Journal of Experimental Psychology General*, 2007, 136（4）: 610–622.

［2］Cacioppo J T, Petty R E. The Need for Cognition ［J］. *Journal of Personality & Social Psychology*, 1982（6）: 190–203.

［3］Chaturvedi A, Chiu C Y, Viswanathan M. Literacy, Negotiable Fate, and Thinking Style Among Low Income Women in India ［J］. *Journal of Cross-Cultural Psychology*, 2009, 40（5）: 880–893.

［4］David, Matsumoto, Seung, et al. Toward a New Generation of Cross-Cultural Research［J］. *Perspectives on Psychological Science*, 2016（7）: 122–145.

［5］Deutsh M A. Theory of Cooperation and Competition ［J］. *Human Relations*, 1949（1）: 80–99.

［6］Dweck C, Chiu C, Hong Y. Implicit Theories: Elaboration and Extension of the Model［J］. *Psychological Inquiry*，1995，6（4）：322–333.

［7］Epstein，Seymour，Pacini，et al. Individual differences in intuitive–experiential and analytical–rational thinking styles［J］. *Journal of Personality & Social Psychology*，1996（2）：204–225.

［8］Folger J P，Stutman R K. *Working through conflict*［M］. Boston：Addison Wesley Publishing Company，1996.

［9］Gilbert D T，Malone P S. The Correspondence Bias［J］. *Psychological Bulletin*，1995，117（1）：21–38.

［10］Hong Y Y，Morris M W，Chiu C Y，et al. Multicultural Minds：A Dynamic Constructivist Approach to Culture and Cognition［J］. *American Psychologist*，2000，55（7）：709–20.

［11］Infante D A，Wigley C J. Verbal Aggressiveness：An Interpersonal Model and Measure［J］. *Communication Monographs*，1986，53（1）：61–69.

［12］Keltner D. Signs of Appeasement：Evidence for the Distinct Displays of Embarrassment，Amusement，and Shame［J］. *Journal of Personality and Social Psychology*，1995，68（3）：441–454.

［13］Knapp M L，Putnam L L，Davis L J. Measuring Interpersonal Conflict in Organizations：Where Do We Go from Here?［J］. *Management Communication Quarterly*，1988（14）：885–901.

［14］Koole S L. The Psychology of Emotion Regulation：An Integrative Review［J］. *Cognition & Emotion*，2009，23（1）：4–41.

［15］Kross E，Ayduk O. Making Meaning out of Negative Experiences by Self–

Distancing ［J］. *Current Directions in Psychological Science*, 2011, 20（3）: 187-191.

［16］Kruglanski A W, Webster D M. Motivated Closing of the Mind: "Seizing" and "freezing" ［J］. *Psychological Review*, 1996, 103（2）: 263-283.

［17］Kruglanski A W. The Psychology of Being "Right": The Problem of Accuracy in Social Perception and Cognition ［J］. *Psychological Bulletin*, 1989（12）: 90-103.

［18］Lange V, Paul A M. The Pursuit of Joint Outcomes and Equality in Outcomes: An Integrative Model of Social Value Orientation ［J］. *Journal of Personality and Social Psychology*, 1999, 77（2）: 337-349.

［19］Lench H C, Chang E S. Belief in an Unjust World: When Beliefs in a Just World Fail ［J］. *Journal of Personality Assessment*, 2007, 89（2）: 126-135.

［20］Nadav, Klein, Nicholas, et al. Maybe Holier, but Definitely Less Evil, than You: Bounded Self-righteousness in Social Judgment ［J］. *Journal of Personality & Social Psychology*, 2016（8）: 332-387.

［21］O' Brien K J. Rightful Resistance ［J］. *World Politics*, 1996, 49（1）: 31-55.

［22］Pruitt D G, J Z Rubin. *Social Conflict*: *Escalation*, *Impasse*, *and Resolution* ［M］. MA: Addision-Wesley, 1986.

［23］Pruitt D G, Kim S H. Social Conflict: Escalation, Stalemate, and Settlement ［J］. *Political Psychology*, 1987, 8（4）: 685.

［24］Tadmor C T，Tetlock P E，Peng K. Acculturation Strategies and Integrative Complexity: The Cognitive Implications of Bi-culturalism［J］. *Journal of Cross-Cultural Psychology*，2009，40（1）：105-139.

［25］Tetlock P E. Accountability and Complexity of Thought［J］. *Journal of Personality & Social Psychology*，1983，45（1）：74-83.

［26］Tetlock P E，Armor D，Peterson R S. The Slavery Debate in Antebellum America: Cognitive Style，Value Conflict，and the Limits of Compromise［J］. *Journal of Personality & Social Psychology*，1994，66（1）：115-126.

［27］Tetlock，Philip，Peterson E，et al. Flattering and Unflattering Personality Portraits of Integratively Simple and Complex Managers［J］. *Journal of Personality and Social Psychology*，1993（3）：80-97.

［28］Trope Y，Liberman N. Temporal Construal［J］. *Psychological Review*，2003，110（3）：403.

［29］Tversky A，Kahneman D. Prospect Theory: An Analysis of Decision under Risk［J］. *Econometrica*，1979，47（2）：263-291.

［30］Wank D. *Commodifying Communism: Business，Trust，and Politics in a Chinese City*［M］. Cambridge: Cambridge University Press，1999.

［31］艾佳慧. 中国法官最大化什么［J］. 法律和社会科学，2008（1）：98-151.

［32］白福宝，杨莉萍. 公正敏感研究: 回顾与展望［J］. 心理研究，2012，5（6）：55-61.

［33］曹锦清，陈中亚. 走出"理想"城堡——中国"单位"现象研究［M］. 深圳: 海天出版社，1997.

［34］陈映芳，朱芒.市民的法意识——关于上海市行政处罚听证制度［M］.社会科学，2005（3）：9-16.

［35］邓传忠.中庸思维对拿捏行为与心理适应的调节效果［M］.台北：台湾大学，2008.

［36］［美］狄恩·普鲁特，金盛熙.社会冲突［M］.王凡妹，译.北京：人民邮电出版社，2013.

［37］杜立聪.试析当前中国公民的法律意识问题［J］.甘肃行政学院学报，2003（2）：37-38.

［38］冯友兰.新世训［M］.上海：三联书店，2007.

［39］郭松，肖仕卫.穿梭于两种知识之间：律师作用新解读——以农村"基层法律服务工作者"为例［J］.中南民族大学学报（人文社会科学版），2007（4）：57-69.

［40］郭于华，孙立平.诉苦：一种农民国家观念形成的中介机制［J］.中国学术，2002，3（4）：130-157.

［41］何贵兵，于永菊.决策过程中参照点效应研究述评［J］.心理科学进展，2006，14（3）：408-412.

［42］侯玉波.文化心理学视野中的思维方式［J］.心理科学进展，2007（2）：34-56.

［43］黄光国，胡先缙，等.人情与面子［M］.北京：中国人民大学出版社，2010.

［44］黄囇莉.华人人际和谐与冲突［M］.重庆：重庆大学出版社，2007.

［45］黄敏儿，唐淦琦，易晓敏，等.中庸致和：情绪调节灵活性的作用［C］//中国社会心理学评论（第8辑），杨宜音主编.北京：社会科学文献出版社，2014.

［46］黄展骥.评西方逻辑论著："中庸"、"歧义"［J］.云南学术探索，
　　　1996（3）：24-26.

［47］黄展骥.从"中庸"走向"极端"——浅谈我国民族性格［J］.兵
　　　团教育学院学报，1994（4）：9-11.

［48］林安梧.跨界的话语，实存的感通——关于《中庸实践思维体系探
　　　研的初步进展》一文读后［J］.本土心理学研究，2010（34）：
　　　127-136.

［49］刘欢，梁竹苑，李纾.行为经济学中的损失规避［J］.心理科学进展，
　　　2009（4）：788-794.

［50］刘宇红，谢亚军.也谈"差不多"和"差点儿"［J］.湘潭大学学报（哲
　　　学社会科学版），2007（1）：76-88.

［51］刘子曦.法律意识的两个维度：以业主诉讼维权为例［J］.开放时代，
　　　2014（4）：90-102.

［52］龙立荣.公正的启发理论述评［J］.心理科学进展，2004，12（3）：
　　　447-454.

［53］陆益龙.法律性的社会学建构——评尤伊克和西尔贝《法律的公共
　　　空间——日常生活中的故事》［J］.社会学研究，2006（6）：226-
　　　237.

［54］潘泽泉.社会、主体性与秩序：农民工研究的空间转向［M］.北京：
　　　社会科学文献出版社，2007.

［55］庞朴.中庸与三分［J］.文史哲，2000（4）：21-27.

［56］庞朴."中庸"平议［J］.中国社会科学，1980（1）：98-104.

［57］强世功.调解、法制与现代性：中国调解制度研究［M］.北京：中
　　　国法制出版社，2001.

［58］强世功.乡村社会的司法实践：知识、技术与权力———一起乡村民事调解案［J］.战略与管理，1997（4）：46-57.

［59］瞿海源，等.社会及行为科学研究法（二）：质性研究法［M］.北京：社会科学文献出版社，2013.

［60］［美］萨利·安格尔·梅丽.诉讼的话语：生活在美国社会底层人的法律意识［M］.郭星华，译.北京：北京大学出版社，2007.

［61］施芸卿.再造城民［M］.北京：社会科学文献出版社，2015.

［62］苏力.送法下乡［M］.北京：中国政法大学出版社，2000.

［63］孙蒨如.阴阳思维与极端判断：阴阳思维的动态本质初探［C］∥中国社会心理学评论（第7辑），杨宜音主编.北京：社会科学文献出版社，2014.

［64］［美］唐·布莱克.社会学视野中的司法［M］.郭星华，等，译.北京：法律出版社，2002.

［65］汤景泰.偏向与隐喻：论民粹主义舆论的原型叙事［J］.国际新闻界，2015（9）：9-18.

［66］王飞雪，刘思思.中庸思维对自我一致性和自我矛盾冲突感的影响［C］∥中国社会心理学评论（第7辑），杨宜音主编.北京：社会科学文献出版社，2014.

［67］王汉生，王迪.农村民间纠纷调解中的公平建构与公平逻辑［J］.社会，2012，32（2）：171-198.

［68］王敏，张志学，韩玉兰.谈判者第一次出价对谈判破裂的影响：角色的调节作用［J］.心理学报，2008（3）：90-99.

［69］王勇飞，王启富.中国法理纵论［M］.北京：中国政法大学出版社，1996.

［70］王子琳．法律社会学［M］．长春：吉林大学出版社，1991．

［71］魏健馨．论公民、公民意识与法治国家［J］．政治与法律，2004（1）：9-19．

［72］［美］威廉·W.威尔莫特，乔伊斯·L.霍克．人际冲突［M］．曾敏昊，刘宇耘，译．上海：上海社会科学院出版社，2011．

［73］吴佳辉．中庸让我们生活的更好：中庸思维对生活满意度之影响［J］．华人心理学报，2006（7）：35-44．

［74］吴毅．权力—利益的结构之网与农民群体性利益的表达困境——对一起石场纠纷案例的分析［J］．社会学研究，2007（5）：89-98．

［75］吴于盧．孔孟林彪道中庸 革命人民反中庸［J］．武汉大学学报：人文科学版，1974（1）：74-81．

［76］谢邦宇．行为法学［M］．北京：法律出版社，1993．

［77］谢雪贤，刘毅，吴伟炯．公正敏感性的研究现状与展望［J］．心理科学进展，2012（2）：68-79．

［78］徐忠明．传统中国民众的伸冤意识：人物与途径［J］．学术研究，2004（12）：52-62．

［79］杨国枢，黄光国，杨中芳．华人本土心理学（下）［M］．台北：远流出版公司，2008．

［80］杨国枢，陆洛．中国人的自我：心理学的分析［M］．重庆：重庆大学出版社，2009．

［81］杨建军，马治选．当代中国社会的维权行动——以维权类法治人物、案件和新闻为主要分析对象［J］．法制与社会发展，2013，19（5）：54-66．

［82］杨晓莉，刘力，张笑笑．双文化个体的文化框架转换：影响因素与

结果［J］.心理科学进展，2010，18（5）：840-848.

［83］杨宜音.多元混融的新型自我：全球化时代的自我构念［J］.中国社会心理学评论，2015（1）：90-104.

［84］杨宜音.人格变迁和变迁人格：社会变迁视角下的人格研究［J］.西南大学学报（社会科学版），2010，36（4）：1-8.

［85］杨宜音.日常生活的道德意义和生命意义：兼谈中庸实践思维的构念化［J］.中国社会心理学评论，2014（2）：99-107.

［86］杨中芳，林升栋.中庸实践思维体系构念图的建构效度研究［J］.社会学研究，2012（4）：108-121.

［87］杨中芳.“中庸信念／价值量表”到底在测什么［C］//中国社会心理学评论（第7辑），杨宜音主编.北京：社会科学文献出版社，2014.

［88］杨中芳.传统文化与社会科学结合之实例：中庸的社会心理学研究［J］.中国人民大学学报，2009（3）：46-57.

［89］杨中芳.一个中庸、各自表述［J］.本土心理学研究，2010（34）：159-165.

［90］杨中芳.中庸实践思维体系探研的初步进展［J］.本土心理学研究，2010（32）：90-103.

［91］叶启政.拆解“结构—能动”的理论迷思——正负情愫交融现象的理论意涵［J］.社会，2013（4）：98-105.

［92］应星，汪庆华.涉法信访、行政诉讼与公民救济行动中的二重理性［J］//洪范评论（第3卷第1辑），吴敬琏，江平，主编.北京：中国政法大学出版社，2006.

［93］应星.“气”与中国乡土本色的社会行动——一项基于民间谚语与

传统戏曲的社会学探索［J］.社会学研究，2010（5）：111-129.

［94］应星.草根动员与农民群体利益的表达机制——四个个案的比较研究［J］.社会学研究，2007（2）：104-116.

［95］［美］尤伊克，西尔贝.法律的公共空间——日常生活中的故事［M］.陆益龙，译.北京：商务印书馆，2005.

［96］于建嵘.当前农民维权活动的一个解释框架［J］.社会学研究，2004（2）：90-108.

［97］于永菊.风险决策中的多重参照点效应研究［D］.浙江大学，2006.

［98］余治平.经权、常变的智慧——中庸之道的哲学根据［J］.中山大学学报（社会科学版），2008（1）：35-40.

［99］翟学伟.人情、面子与权力的再生产——情理社会中的社会交换方式［J］.社会学研究2004（5）：48-57.

［100］张德胜，金耀基，陈海文，等.论中庸理性：工具理性、价值理性和沟通理性之外［J］.社会学研究，2001（9）：36-49.

［101］张德胜.儒家伦理与社会秩序［M］.上海：上海人民出版社，2008.

［102］张德胜.儒家思想与现代性：存在的、理论的和方法的含义［J］.江苏社会科学，2009（8）：76-88.

［103］张华.连接纽带抑或依附工具：转型时期中国行业协会研究文献评述［J］.社会，2015（3）：55-67.

［104］赵志裕，曲颖敏，陈静.如何研究社会、文化和思想行为间的关系——共享内隐论在理论和研究方法上的贡献［C］//中国社会心理学评论（第4辑），杨宜音主编.北京：社会科学文献出版社，2008.

［105］周雪光 . 西方社会学关于中国组织与制度变迁研究状况述评［J］.

社会学研究，1999（4）：28-45.

［106］［日］滋贺秀三 . 中国法文化的考察——以诉讼的形态为素材

［C］// 明清时期的民事审判与民间契约，滋贺秀三，王亚新，

等 . 北京：法律出版社，1998.

［107］朱涛 . 纠纷格式化：立案过程中的纠纷转化研究［J］. 社会学研究，

2015（6）：67-79.